아버지의 사과 편지

아버지의 사과 편지

The Apology

이브 엔슬러

김은령 옮김 | 은유 해제

심심

여전히 사과를 기다리고 있는 모든 여성을 위해

추천의 말

가해자는 친부였다. 이브 엔슬러는 사과받지 못했고 그는 사망한다. 작가로 성장한 엔슬러는 자신이 받아야 했던 사과를 스스로 '지어낸'다. 살면서 가장 예의를 갖추어야 하는 대상은 바로 나 자신이다. 내가 나를 온전히 보듬어주는 것이 선행되어야만 건강한 관계를 맺으며 살아갈 수 있다. 엔슬러는 자기가 할 수 있는 최선의 방법으로 스스로에게 예를 다했다.

자신을 학대한 부모를 살해한 한 청년은 법정 최후 진술에서 "미안하다고 말하는 게 그렇게 어려웠나요?"라며 끝내 사과하지 않은 부모를 원망했다고 한다. 우리는 고통스럽더라도 법정에 들어서는 태도로 엔슬러의 의식에 참여해야 한다. 사랑으로 오독

되는 학대는 생각보다 쉽게 일어나기 때문이다.

오지혜, 배우

《아버지의 사과 편지》는 '무엇을 사과라고 간주할 만한 것인가?'라는 질문에 해답이 되는 책이다. 가정 내 근친 성폭력, 억압적인 가부장제, 이 모든 것에서 벗어나는 유일한 길은 일단 제대로, 구체적으로 아는 것이다. 실제 벌어진 일을 잘 알아야 그 다음에 어떤 일을 해야 할지 우리는 가늠해볼 수 있다. 이 책은 바로 이 역할을 정확히 수행한다.

이 책의 특별함은 작가가 우리가 예상했던 것과는 전혀 다른 방법으로 자신의 경험을 풀어간다는 데 있다. 왜 이브 엔슬러는 피해자의 증언이 아니라 가해자의 사과라는 형식을 택했을까? 왜 이렇게 터무니없이 가해자에게 용서받을 기회를 주는 것일까? 가해자가 단 한 번도 하지 않은 말, 피해자로서는 너무나 듣고 싶었으나 결코 듣지 못했던 말을 쓰는 것이 대체 무슨 의미가 있을까? 우리는 '죄와 사과'의 복잡한 미스터리 앞에서 질문을 던지게 된다. 그러나 이렇게 계속 질문하는 것은 중요하다. '만약 아버지가 진심으로 사과하고 죽었더라면?' '만약 아버지 자신도 남성성에 희생당하지 않았더라면?' '만약 남성이 여성보다, 아버지가 딸보다 무조건 우위에 있다고 생각하지 않았더라면?' '엄마가 방조자가 아니라 딸을 위해 용기를 냈더라면?' 그리고 죄와 사과의 미스터리 뒤에는 한 단어가 더 있다. '변화'다. 모든 '가해-피해' 이야기에서 중요한 부분은 '죄와 사과와 변화의 미스터리'를 푸는 것이다. 모든 피해자가 하는 말, "다른 사람은 나처럼 당하지 않기를 원해요"의 핵심은 변화다.

우리는 결국 새로운 세상을 만들어내야 한다. 이브 엔슬러는 일어나지 않은 일을 일어나게 해봄으로써 여성의 삶이 지금과는 다르게 펼쳐질 미래를 만들기 위한 수많은 실천과 변화를 '상상'하게 했다. 그는 가해자를 증오의 대상이 아닌, 자신을 둘러싼 억압 중 어떤 것에서 벗어났어야 했는지 고뇌하는 인간으로 만들었다. 이렇게 해서 그는 폭력으로 가득 찬 우리의 세상에 폭력 없는 세상을 꿈꾸게 하는 이야기 하나를 들려주었다.

정혜윤, CBS 라디오 PD

입이 벌어질 정도의 잔인성을 묘사하면서도 동시에 완벽한 악행의 표면 아래에 자리 잡은 온갖 복잡한 층위들을 상상 속 아버지의 편지로 보여준다. 이브 엔슬러는 움츠러들지 않고 가장 어두운 인간의 경험을 털어놓는다.

마이클 커닝햄, 소설가

이브 엔슬러는 자기만이 할 수 있는 방식으로 위축되지 않고 솔직하게, 그리고 헤아리기 힘든 품위를 갖추고 아버지가 저지른 최악의 배반을 독자와 나눈다. 창의적인 힘으로 우리를 치유의 여정으로 초대하는 그의 이야기는 매우 개인적이지만 그 교훈은 보편적이다.

아니타 힐, 변호사·브랜다이스대학교 사회정책 및 법학, 여성학 교수

폭력적인 아버지의 학대와 지배에 대한 날것의, 여과되지 않은 이야기다. 이 책은 이브 엔슬러의 모든 작품이 그렇듯 지극히 심오하고, 극적이고 문학적이며 때로는 웃음을 자아낸다. 용감하고 혁명적이다.

앤 라모트, 소설가·《쓰기의 감각》 저자

최근 10년 사이 발표된 책 가운데 가장 창의적이고 깊이 있는 작품이다. 사랑하는 누군가에게 상처 받은 경험이 있는 사람이라면 이 책이 당신을 깊이 변화시킬 것이다. 25년 전 이브 엔슬러는 여성이 자신의 몸에 대해 생각하는 방법을 바꿔놓았다. 이제 그는 사람들이 자신의 영혼에 대해 생각하는 태도를 바꿔놓을 것이다.

요한 하리, 저널리스트 · 《물어봐줘서 고마워요》 저자

죄를 고발하고 처벌하는 것은 폭력에 대처하는 과정에서 가장 중요한 단계다. 이브 엔슬러는 여기서 더 앞으로 나아간다. 진정한 사과에 무엇이 필요한지 깊이 성찰하고 따져보는 것이다. 바로 지금 꼭 필요한 책이다.

제인 폰다, 배우

사과란 형식적이고 만족스럽지 못하며 심지어 화를 불러일으키고 구차한 것이라고 생각하는 나와 같은 사람을 위한 책이다. 사람들이 정말 원하는 것은 왜 해를 입혔는지에 대한 설명, 지금의 고통을 만들어낸 당시의 고통에 대한 진솔한 탐구, 그리고 비록 힘들겠지만 그 설명이 변명이 아니라는 점을 제대로 인정하는 것이다. 이 책은 응당 받아야 할 사과를 전혀 받지 못했던 이들, 자신이 해야 할 사과가 아직 남아 있음을 스스로 알고 있는 이들을 위한 가이드다.

킴벌리 크렌쇼, 컬럼비아대학교 · UCLA 법학교수

학대의 트라우마를 대면하고 결코 들을 수 없었던 사과를 갈망하는 모든 사람을 위한 책이다.

토니 포터, 사회운동가 · 《맨박스》 저자

차례

일러두기

본문의 각주는 옮긴이의 것으로, *으로 표시했습니다.

독자에게

이제 기다림은 끝내기로 했다. 아버지는 돌아가신 지 오래다. 그는 결코 내게 그 말을 하지 않을 것이다. 그 일에 대해 사과하지 않을 것이다. 그러니, 상상해야만 한다. 상상 속에서라면 경계를 넘어 꿈을 꿀 수 있고 이야기의 깊이를 더해 현실과 다른 결과를 만들어낼 수 있으니까.

이 편지는 탄원서이자 소환장이다. 아버지라면 그랬을 법한 방식으로 아버지가 내게 이야기하게끔 적어보았다. 아버지가 해주었으면 좋았을 이야기를 쓰되, 나를 통해 그가 모습을 드러낼 여지도 만들어야 했다.

아버지에 관해, 또 아버지의 역사에 관해 내가 알지 못하는 것이 많다 보니, 상당 부분을 머릿속에서 그려내야 했다.

이 편지는 경계를 넘어서고자 하는 나의 의지와 그에 필요한 말을 아버지에게 부여하고 사과의 언어로 표현하게 해 마침내 나를 자유롭게 만들려는 노력이다.

사랑하는 에비*

너에게 편지를 쓰다니 참 이상하구나. 나는 이 편지를 무덤에서 쓰는 것일까, 아니면 과거 혹은 미래에서 쓰는 것일까? 너의 모습으로 쓰는 것일까, 아니면 네가 원하는 나의 모습으로 쓰는 것일까, 그것도 아니면 스스로에 대한 불완전한 이해 아래 자리한 진짜 나 자신으로 쓰고 있는 것일까? 이런 의문이 중요하기는 할까? 내가 말한 적 없고 이해한 적도 없는 언어, 우리가 극복하지 못했던 간극을 잇기 위

* 아버지가 저자를 부르던 애칭.

해 네가 너와 나의 마음속에 만들어낸 언어로 이 편지를 쓰고 있는 것은 아닐까? 너의 증언으로 인해 자유로워진 덕분에, 어쩌면 있는 그대로의 내 모습으로 이 편지를 쓰고 있는지도 모른다. 그도 아니면, 나는 편지를 아예 쓰지 않았는데 그저 네 필요에 의해, 네 생각을 만족시키기 위해 이용당하고 있는 것인지도 모르지.

내가 너에게 편지를 쓴 적이 있는지 기억나지 않는구나. 나는 편지라는 것을 거의 쓰지 않았으니까. 내게 편지를 쓰는 일은, 다른 누군가에게 손을 내미는 행위는, 유약함을 뜻했다. 대신 사람들이 나에게 편지를 썼지. 나는 편지를 써야 할 만큼 상대가 내게 중요한 사람이라는 느낌을 주고 싶지 않았어. 그러면 내가 우위를 잃고 불리해질 테니까. 이런 말을 하는 것조차 이상하구나. 네가 내 마음속으로 들어오지 않았다면 나도 몰랐을 것이고 말하지도 않았을 이야기란다. 하지만 반박할 생각은 없다. 그건 진실이니까.

너는 늘 내게 편지를 썼지. 난 이상하고 낯선 감동을 느끼곤 했어. 같은 집에 살면서 편지를 쓰다니. 똑바로 선을 그으려 하지만 갈 곳을 모르는 아이의 필체로 종이 가득 말이다. 나의 어떤 면모, 우리 사이의 갈등이 고조되었던 순간에는 찾을 수 없었던 면모에 닿으려 애쓰는 것 같았고, 시적인 정서를 통해 언젠가 내가 네게 보여주었던 비밀스러운 자아에 호소하려는 듯했어. 너의 편지는 보통 사과의 내용을 담고 있었지. 그러니 지금 이렇게 내게 사과 편지를 요구하는 것도 무리가 아닌 것 같구나. 너는 언제나 용서를 구하며 사과했지. 내가 매일 너에게 "죄송해요"라는 모멸적인 주문을 되풀이하도록 만들었으니까.

저녁 식사 자리에서 일어나 무얼 잘못했는지 깨닫고 인정할 때까지 방에 들어가 있으라고 하면 고집 센 너는 하루 종일도 방에 있곤 했어. 네 엄마는 걱정했지. 배가 고프거나 지루해지면 너는 세탁소에 맡겼던 셔츠에 딸려 오는 마분지 조각에 편지를 써서 내 침실 문 아래로 슬그머니 밀어 넣곤 했다. 참 드라마틱한 탄원서였어. 일종의 목록이었지. 너는 언제나 목록 만들기를 좋아했는데, 지금 생각해보면 그게 일종의 문학적 연산 과정이 아니었나 싶구나.

너는 이번 일을 통해 배운 점과 앞으로 다시는 하지 않을 일들을 적어 목록을 만들었지. 그중 첫 번째는 거짓말이었던 것 같구나. 너는 정말로 다시는 거짓말을 하지 않았어. 내가 매일 너를 몰아세우며 스스로 형편없는 거짓말쟁이라고 믿게 했지만, 사실 너는 내가 아는 가장 정직한 아이였단다. 내가 아이들을 그리 많이 안다고 할 수는 없지만 말이다. 나는 아이들을 경멸했어. 아이들은 소란스럽고, 정신없고, 버릇도 없지. 아이를 갖기에 나는 너무 나이가 많았고, 막상 내 아이를 가졌을 땐 그저 나의 족적을 이어갈 존재로만 여겼을 뿐이었어. 하지만 그 생각은 빗나가고 말았지. 마분지 구석에 한쪽으로 늘어진 꽃들을 그려 넣고 보라색 매직 마커로 급하게 쓴 편지에, 난 네 방문을 열어줄 수밖에 없었다. 이제 보니 네가 계속 무언가를 쓴 이유가 바로 그것이 아닐까 하는 생각이 든다. 자유로 향하는 여권인 셈이었지.

산 자들의 세상을 떠난 후 나는 사람을 가장 약하게 만드는 지역에 갇혀 있었어. 천국도 아니고 지옥도 아닌 곳, 사람들이 '림보'*라고 부르는 곳과 비슷했다. 텅 비어 있는, 망각뿐인 곳. 외부에 자리한 어떤 곳도 아닌 곳, 림보. 동시에, 이제 나는 어디에도, 아무 곳에도 있지 않게 되었다. 불안정하게 빙빙 돌고 회전하며 떠다닐 뿐이지. 여기에는 아무것도 없고, 무엇도 볼 수 없어. 나무도 바다도 없고, 소리도 냄새도 없으며, 빛도 없는 곳. 장소라고 말할 수 있는 장소가 아닌, 근원도 없고 매달릴 것도 없는 곳. 내 안에 자리 잡은 것의 반영 말고는 아무것도 없는 곳.

"지옥이란 무엇인가? 지옥이란 자기 자신이다."

시인 T. S. 엘리엇의 말이다. 내가 가장 좋아하는 시인이 T. S. 엘리엇이라는 걸 아마 너는 모르겠지. 이 림보에서도

* limbo. '변방', '경계'를 뜻하는 말로, 죽은 자들이 가는 변방의 영계靈界를 가리킨다.

그의 시가 자주 생각나는구나. 시간으로 따지자면 31년 동안 나는 이곳에서 소용돌이치듯 지냈는데, 사실 여기에는 이상하게도 시간이라는 게 없단다. 무섭도록 광대하고 폐소공포증이 느껴질 만큼 고통스러운 공허로 이루어진, 모든 것을 끝없이 삼켜버리는 공간이지.

나는 수많은 후회와 원망을 간직한 채 산 자들의 세상을 떠났다. 죽음을 맞이할 무렵에 이르렀을 때도, 분노가 뿜어낸 독기는 내 몸을 갉아먹던 암보다 훨씬 강력했지. 나의 분노는 너무나도 거세어서 진통제와 섬망譫妄마저 뚫고 나와, 최후의 형벌을 계획하고 진행하도록 날 부채질했어. 불쌍한 네 엄마. 네 엄마가 어찌해야 했을까? 고함과 생색과 위협으로 나는 네 엄마를 몇 년이나 공포에 떨게 했고, 꼼짝없이 헌신적인 공범으로 만들었다. 나의 마지막 순간이 다가왔을 때, 네 엄마는 내 비위를 맞추기 위해 노력했고 지금은 극단적인 결정을 내릴 때가 아니라고 조용히 달래곤 했어. 내가 제정신이 아니라는 사실을 이야기하는 것 말고 네 엄마는 모든 것을 했다.

나의 마지막 생각과 숨은 너에게 기나긴 고통을 주고자 하는 열망, 오래 지속될 고통을 만들어내고자 하는 열망과 뒤섞여 퍼졌다. 아마 너는 모르겠지만, 마지막 순간에 난 너를 유언장에서 빼겠다고 고집을 부렸어. 너는 무엇도, '아무것도' 상속받지 못할 거라고 아주 강력하게 말했지. 몸이 극도로 약해진 상황에서조차 이런 복수심이 잠시 정신을 돌아오게 하더구나. 너를 지워버리고 몰아내고 벌을 줄 마지막 기회였어.

네 엄마가 다시 한 번 생각해보라며 매달렸을 때, 나는 이게 다 네가 초래한 결과라고 이야기했다. 그렇게 고집 세고 배은망덕한 아이에게 왜 내가 무언가를 남겨야 하지? 네 엄마의 저항이 내 화를 돋우었고, 나는 더더욱 복수심에 사로잡혀 너라는 인물을 지워버리려 노력했지. 거짓말쟁이. 내가 세상을 떠난 후 네가 뭐라고 이야기하든, 그것은 오래전부터 미리 준비해온 내용이고 너는 뻔뻔한 거짓말쟁이이니

절대로 그 말을 믿어서는 안 된다고 엄마를 윽박질렀어. 너를 믿지 말라고, 의심하라고 강요했다. 내가 너를 제거해버린 것처럼 네 엄마도 너를 제거하기를 바랐다. 딸보다 남편을 선택하라고 강요했다. 새삼스러운 일도 아니지. 이런 희생이라면 네 엄마는 이미 충분히 겪어왔으니까. 네가 태어난 뒤로 내가 줄곧 네 엄마에게 요구한 것이니까. 알았다고 대답하며 네 엄마가 스스로를 얼마나 경멸할 것인지 난 알고 있었다. 더할 나위 없이 잘 알았지. 그런 식으로, 난 오랫동안 어머니로서의 자존감을 무너뜨리고, 확신과 목소리를 지워버리고, 스스로를 나약한 인간이라고, 호감 가지 않고 눈에 띄지 않는 존재라고 여기게 만들어왔고, 여전히 그렇게 강요하고 있었다.

배신과 실망을 끝없이 반복해 경험하며 이 죽음의 영역에서 보낸 처음의 시간이 내겐 몇 년처럼 느껴지더구나. 그 시간 내내 동료들과 아이들, 소위 친구라 불리던 인간들은 제각각 내게 정당한 반감을 표현하고 가혹한 상상 속의 복수를 끝없이 되풀이하며 자신들의 어리석음과 나약함을 보여주었지. 물론, 그들 중 제일 선두에 선 사람이 너였다.

너무나도 분노에 차 있었기에, 이 세상을 떠나며 난 내가 죽어가고 있다는 사실조차 알리기를 거부함으로써 너를 벌했다. 전화로 작별 인사조차 하지 않았지. 네가 내 분노의 파편에 깊이 상처 받아 피 흘리기를 원했고, 죄의식과 절망으로 계속 괴로워하며 남은 인생 내내 왜 아버지의 기대에 부응하지 못했는지, 왜 아버지가 원한 딸이 되지 못했는지 자문하며 내 주위를 맴돌도록 만들 작정이었어.

마무리도, 마지막 정리도 없이 너를 떠날 생각이었기에 나는 그 어떤 추도식이나 장례식도 계획하지 않았고, 그런 계획을 허락하지도 않았다. 그런 것들은 허튼수작, 쓸모없는 감정의 하찮고 애처로운 전시에 지나지 않으니까. 나아가 네가 나의 죽음을 애도한다면, 그것은 나를 놓아줄 가능성이 높다는 의미기도 했으니까. 그때 내가 가지고 있던 유일한 힘은 거부였는데, 이는 동시에 너의 존재를 붙잡아둘 유일한 방법, 너의 관심을 끌고 그 관심을 유지시키는 단 하나의 방법이기도 했다.

죽음을 맞이하고 며칠 후, 이 림보로 들어오기 전에, 플로리다에 있는 우리집 옷방 마룻바닥에 앉아 오래된 내 노란색 캐시미어 스웨터에 얼굴을 묻고 있는 네 모습을 지켜보았다. 처음에는 네가 무얼 하고 있는지 이해하지 못했지만, 계속 살펴보니 네가 나의 냄새를 맡고 있다는 것을, 나의 잔여물을, 내가 쓰던 오드콜로뉴와 향수 냄새를 들이마시며 네 슬픔을 정박시킬 곳을 찾으려 애쓰고 있다는 것을 알 수 있었지. 그 모습에 나도 모르게 감동을 느꼈다. 우리의 관계가 다정했던 시절, 더할 수 없는 애정에 위로받던 시절로 돌아가는 것 같았어. 옷방 마룻바닥에 앉아 나를 찾고 그때의 따뜻함을 찾으려 애쓰는 너를 보니 내 속의 슬픔과 상실이 너울거렸고, 곧 나는 사라져버렸다. 너의 세상으로부터, 아름다움으로부터, 구원의 가능성으로부터 사라져 죄와 불만의 걷잡을 수 없는 반복 속으로 내팽개쳐지고 말았지.

사는 방식대로 죽는다고 사람들은 말하지. 과연, 나의 분노가 오랜 시간에 걸쳐 죽음을 부른 것 같구나. "친구를 해치기 위해 타지만 결국은 자신이 들이마시게 되는 독이 바로 분노란다." 내가 이유 없이 격분할 때마다 내 어머니는 이렇게 경고했어. 나의 분노는 온몸을 부패시키고 끔찍한 두려움을 퍼뜨렸다. 마치 분노가 저절로 작동해 후회와 극심한 불안으로, 찌르는 듯 아픈 의심으로, 고문과도 같은 자기혐오로 악에 받친 내 정신을 집어삼키며 질식시키는 것 같았지. 앞으로 나아갈 수도, 뒤로 물러설 수도 없었다. 탈출구가 없었어. 마비된 채 이 림보에 갇힌 나에게는 자유를 얻기 위한 그 어떤 표현도 의지도 이해도 없었다.

나는 내세에 대해 콧방귀를 뀌던 냉소적인 사람이었어. 그런 내가 어떻게 알았겠니? 지금 이 상태를 내세라고 부르는 것조차 내키지 않는구나. 내세란 아마 무언가 끝난 후에 오는 것이라기보다는, 어떤 상태가 지속되는 것이라 부를 수 있을 거야. 그런 면에서 죽음은 고통스럽고, 끝나지 않는 것이지. 아니면 이런 죽음은 나에게만 특별히 찾아오는 것일지도 모르겠구나. 다른 사람들은 선의의 날개를 빌려 훨씬 더 밝고 환한 곳으로 날아갈 수도 있겠지.

머리가 분노로 혼란스러워 무언가를 배우기 쉽지 않았지만, 그래도 내가 여기서 배운 것이 있다면, 살아 있는 동안 갈등을 해결하는 일이 매우 중요하다는 사실일 거야. 해결하지 못한 모든 일이 다음 영역까지 우리를 따라와 존재의 상태를 결정하거든. 살면서 저지른 잘못들, 책임지지 않은 해악이 영혼에 진득거리며 들러붙어 자신을 옭아매지. 일종의 우리를 만드는 셈인데, 이 우리는 내부에 자리 잡은 것이기에 더 난감하고 고통스럽다. 스스로에게 집착해 영원한 자기 강박의 오물 속으로 빠져들지. 고함을 치지만 이 오물이 너무나 두텁게 들러붙어 있어 소리를 낼 수도 없고, 잠시 한숨을 돌리는 일도 허락되지 않아.

그러니 에비, 나를 이렇게 소환해 내가 저지른 끔찍한 행위를 돌아볼 기회를 주어 고맙구나. 이 고통스러운 림보에서 벗어나리라는 어떤 보장도 없지만, 네가 제안한 사과 편지 덕에 이 처절한 풍경을 조금은 걷어낼 수 있는 것 같아.

네게 명확한 목적이 있다는 것은 잘 알고 있다. 네가 내게 내린 임무의 깊이와 진정성과 그 필요는 너무나도 확실하고 강력하니까. 넌 내게 사과를 요구하고 있지. 사과란 나에게는 낯설고 자연스럽지 않은 영역이라고 말해둬야겠다. 무언가에 대해 사과를 한 적이 있었는지조차 기억나지 않아. 사실, 사과란 약점을 드러내는 짓이자 스스로의 취약함을 내보이는 행위라고 늘 생각하고 있었으니 말이다.

그러니 네 요구는 결국 내 취약함을 드러내라는 것이 아닌가 싶구나. 아마도 네가 늘 필요로 했던 것이었겠지. 내 행동을 정당화하지도, 합리화하지도 않기 위해 최선을 다할 생각이야. 그보다는 나의 행동과 의도에 대해 설명하고 싶다. 이렇게 이야기하는 것은 너에게 이해나 용서를 이끌어내기 위해서가 아니야. 가장 깊은 곳에서 나오는 고백을 하려는 것이지. 너와 신과 나 자신에게서 감추고자 했던 무언가에 관한 이야기 말이다. 지금 이 순간이야말로 아무 의구심 없이, 정당화 없이 나 자신을 내보여야 할 때인 것 같구나.

/

사과란 무엇일까 스스로에게 물어보았다. 사과는 겸허함이야. 잘못을 인정하고 무릎을 꿇는 일. 엄청난 자기 이해와 통찰이 요구되는 친밀함과 연결의 행위이기도 하지. 이 모든 일에 나는 부족했다.

이 사과에는 시간이 필요했어. 급하게 서두를 수가 없더구나. 다행히 이곳에서 난 내가 저지른 죄를 세세히 떠올리고, 다시 체험하고, 곱씹는 연습을 쉬지 않고 했단다. 사과란 철저해야 하고 아주 작은 부분까지 진실함과 전념을 다해 확인해야만 믿을 수 있는 것이 된다는 너의 말을 떠올리면서. 나는 할 수 있는 최선을 다했다. 네가 이야기한 엄격한 기준을 따르고, 내가 저지른 일을 범죄로 인정했어. 내 행동과 혹독한 태도가 너에게 어떤 영향을 주었고 너를 어떻게 파괴했는지 똑바로 대면했다. 하나의 인간으로 널 바라보며 너의 내면에서 이 일을 어떻게 받아들였을지 경험하고 느끼기 위해 노력했다. 내 행동에 깊은 회한과 후회가 느껴지더구나. 나로 하여금 그런 일을 저지르게 만든 것이 무엇인지 이해하려 노력함으로써 내 행동에 책임을 지고 싶어.

내 행동의 근원을 찾기 위해, 이 편지를 통해 다시 과거로 돌아가려 한다. 과거에 솔직하지 못했던 사람으로서, 이제는 정말이지 가장 정직하게 이야기할 생각이야. 방어적인 태도를 보이거나 자기 연민에 빠지는 일 없이 이야기를 이어나갈 거야. 둘 다 문제를 규명하고 해결하는 데 아무런 도움이 되지 않는다는 것을 아니까.

살아 있는 많은 존재는 자신들이 죽은 자와 관계가 있다는 사실을 믿지 않지. 나도 그중 하나였어. 망상 혹은 아마도 희망 뒤에 몸을 숨긴 채, 지나버린 일은 지나버린 일에 불과하다고 이야기하는 사람이었다. 살과 피를 가진 생명체로 살다가 죽으면 없어지거나 썩어버리거나 다 타버려 공기 중으로 날아가는 것이라고 생각했지.

죽은 자들은 살아 있는 자들을 갈망하기 마련이다. 살아 있는 이들을 통해, 그들의 가장 깊은 상상과 공감을 통해 죽은 자들은 알려질 수 있고 자유로워질 수 있거든. 살아 있는 이들이 죽은 자에 대한 사랑에 접근할 수 있고 기꺼이 그렇게 한다면, 또 죽은 자를 향한 분노에 다가간다면, 죽은 자와 관계를 맺고 진정한 대화를 나눈다면, 죽은 자는 몸을 일으켜 이야기하게 될 거야. 우리 망자들은 가족과 사랑하는 사람들 안에, 우리가 해를 끼쳤던 사람들과 우리가 양육해온 사람들 안에 자리 잡고 있고 숨어 있단다. 오래된 집의 벽 속에, 저녁 무렵의 침묵 속에, 무언가를 축하하는 순간에, 탄생과 결혼과 장례라는 의식과 의례 속에, 살아 있는 이들이 죽은 자의 증언과 승인을 갈망하는 모든 곳에 우리는 자리하고 있지. 그곳에 우리 망자들은 혈관 속 잠들어 있는 세포처럼 조용히 자리 잡은 채, 살아 있는 이의 헌신과 요구가 이해와 해결책을 찾는 일에 촉매가 되어주길 기다리고 있단다. 기억하고, 소중히 간직하며, 논쟁을 벌이고, 고민하고, 복원하는 이들, 살아 있는 그들의 관대함에 의해 불이 댕겨지는 곳에 말이야.

나를 소환한 것이 바로 에비 너라는 사실은 놀랍지 않았다. 슬픔과 비탄을 받아들이지 못할 때 기꺼이 그 슬픔과 비탄을 멈춰주고, 메말라 있을 때 눈물 흘리게 해주고, 내가 배신한 영혼의 본질을 강조하고 붙들어 제대로 볼 수 있게끔 애써준 사람이 바로 너였으니까.

내가 무언가를 쓸 수 있다는 사실에, 내가 이런 편지를 쓴다는 사실을 넘어 내가 구사하는 이 언어에 분명 너는 놀라겠지. 솔직히 나도 놀랐다. 네가 예상했던 것보다 훨씬 정중하고도 감정적인 언어일테지. 넌 몰랐겠지만(아니, 아마 마음 깊은 곳에서는 알고 있었을 수도 있지만) 나는 작가가 되기를 꿈꾸었단다. 작가나 랍비가 되고 싶었지. 명상과 탐구와 반성 속에서의 고독한 삶을 꿈꾸었고, 철학을 고민하는 삶을 꿈꾸었지. 의미와 본질에 관한 거대한 의문을 붙들고 싶었어.

네 삶의 방식에 관해서도 나는 꿈을 꾸었다. 한심하기 짝이 없는 나의 행위가 가져온 결과를 돌이켜보면서 혹여나 어떤 위안이라도 찾는다면, 나의 채워지지 않은 꿈이 너를 운명적으로 이끌어 영감을 준 것은 아니었을까 하는 생각이다. 너라는 존재가 세상에 존재하고 지금과 같은 모습이 된 과정에 나의 공이 있었다는 것을 인정해달라는 이야기는 아니야. 너는 네 인생을, 인생의 모든 것을 스스로 만들어갔으니까. 지금 너의 모습은 그 누구도 아닌 스스로 재구성한 것이고, 아버지인 내가 강압적으로나 교묘하게 (의식했건 아니건) 깨뜨리고 흩어놓은 자아의 조각들을 너 스스로 원상태로 돌려놓았음을 나는 잘 알고 있다. 또한 네가 어떤 사람이었는지도 비참하리만치 잘 알고 있어. 넌 자신감 넘치고 기억력이 뛰어나며 지적이고도 행복한, 생기 넘치는 존재였지. 내가 파괴하기 전까지 너는 그런 사람이었다. 내가 너를 그토록 심하게 상처 입힌 것도 아마 그 때문일 거야. 시작부터 네 발목을 잡아 절뚝이며 걷게 만들어버렸지. 네가 나를 넘고 가는 것을 용납할 수 없었고, 내 존재가 기만이며 실패임을 스스로 인정할 수도 없었다. 하지만 아마 나의 진정한 열망 중 한 조각은 너에게 전해졌을 거야. 내가 유대교 경전인 토라 공부를 늘 꿈꾸었다는 것을 알고 있었니? 인생을 희생하더라도 나를 이 경전에 온전히 바치는 것이 내 가장 위대한 야망이었단다.

아이도 아내도 원하지 않았기에 쉰 살이 될 때까지 난 결혼하지 않았어. 내 삶의 방향을 바꿔주고 지금의 삶 아래에 파묻혀 있는 또 다른 삶에 대한 꿈을 실현시켜줄 기적 같은 무언가가 개입하지 않을까 오랫동안 희망에 부풀어 있었지. 나는 다른 사람에게 별로 관심이 없었다. 책과 사상이 음식이고 영감이었던 내게 타인은 나를 성가시게 하고 실망만 주는 존재였을 뿐이지. 은둔자이자 탐색가인 내가 중서부 출신 아내와 세 아이를 두고 올리브그린 빛깔의 캐딜락을 몰며 아이스크림 회사를 운영하는 1950년대의 가장이 되다니, 이 얼마나 말이 안 되는 일이었는지!

그러니 너에게 고마워할 수밖에. 너의 부름과 존재가 끝없이 반복되는 공허한 회전을 멈추게 하고 31년 만에 처음으로 고통과 고문을 멎게 해주었으니 말이다. 찰나에 불과하다 해도, 정말이지 고마운 일이야. 참 이상하지 않니? 나는 감사함을 느낀 적이 없거든. 고맙다는 말조차 해본 기억이 없단다. 세상이 정당하게 나에게 부여한 것에 왜 내가 감사해야 하지? 오히려 세상이 나의 존재를 고마워해야 하는 것이 아닌가?

나의 지위, 왕이나 누릴 법한 고귀한 권리는 마치 신처럼 무시무시하고 믿을 만한 권위를 지녔던 내 어머니가 부여한 것이었다. 어머니는 무척이나 아름다웠고, 무척이나 엄격했다.

나는 다른 형제자매들보다 훨씬 늦게 태어난 막내로, 예상치 않은 자식이자 정말이지 특별한 존재였어. 뜻밖에 태어나 기적이 된 존재였지. 기대와 사랑을 한 몸에 받은 아이, 선택된 아이였다. 어머니의 높은 기대를 충족시키고 아버지의 만성적인 우울증과 실망을 덜어줄 소년 말이지. 의식이라는 것이 생긴 순간부터, 난 주위의 다른 누구보다 내가 더 우월하고 똑똑하고 소중하며, 대접받아 마땅하다고 믿게 되었다. 왜 그래야 하는지, 그 이유는 몰랐어. 지금도 알 수가 없구나.

어머니에게는 이러한 소망이 이루어져야 할 너무나 엄청난 필요가 있었고, 나는 이 모두가 나 자신만큼이나 어머니와도 관련이 있다는 사실을 본능적으로 알아차릴 수 있었다. 이를 부인하거나 그 모순을 찾아내는 것은 아슬아슬하게 조합된 어머니라는 존재에 의문을 표시하는 일이자, 어머니를 커다란 절망으로 밀어 넣는 일이었지.

나는 어머니의 구원이었다. 나의 탄생은 행운의 등장을 알리는 신호였어. 나는 존재만으로도 어머니를 비참한 결혼생활에서 부활시키고 고통에서 구원할 수 있었지. 나는 유순하고 사랑스러운 아이이자, 어머니에게 구세주 같은 아들이었다. 사랑에 있어서도 명확한 위계가 존재한단다. 숭배받는 자는 누군가의 위쪽, 누군가를 넘어서는 곳에 자리할 수밖에 없어. 그래서 나는 외로웠다. 견딜 수 없이 외로웠어. 사랑받는 자의 외로움이었지.

특별하다는 것은 그 시작부터 외따로 떨어진다는 의미다. 숭배하는 사람, 나를 숭배받는 대상으로 만든 사람의 필요를 위해 존재하는 셈이니까. 나는 대상물이었다. 나를 향한 어머니의 경배가, 결국 당신의 경배 대상에게서 스스로를 떨어뜨려놓았어. 마치 내가 손끝이라도 닿으면 닳아버리는 존재가 된 것 같았지. 나를 인간으로 대우했으면 나는 인간이 되었을 것이다. 어머니가 나를 안거나 달래주었던 기억은 없구나. 어머니가 나와 놀아주거나 나를 뒤쫓아 푸른 풀밭 위를 함께 달렸던 기억 같은 것도 없지. 어머니는 나에게 지시를 내렸고, 나를 교정하고 관리하고 가르쳤으며, 내 모양을 빚어냈고, 그렇게 나를 만들어갔다. 슬픔을 느끼거나 울거나 제멋대로 구는 것이 허락되지 않던 나는 인생의 주체가 되기를 멈춰버렸어.

/

내 아버지 하이만은 오스트리아 출신이었고 어머니 사라는 독일인이었다. 부모님 모두 엄격한 규율 아래서 자랐지. 두 분은 당시 유명하고 인기 많았던 독일 의사 다니엘 고틀리프 모리츠 슈레버Daniel Gottlieb Moritz Schreber의 신봉자였다. 슈레버 박사는 아기들이란 처음부터 복종하는 법을 배워야 하고 울지 않도록 훈련해야 한다는 강한 믿음을 가졌어. 아기를 통제하려면 겁먹게 해야 하고, 그래야 아기의 주인이 될 수 있다고 가르쳤지. 그는 부모에게 아이를 껴안거나, 보듬거나, 입 맞추거나 하는 신체적인 애정 표현을 삼가도록 주문했단다.

애정을 억제해 공포와 수치심을 주면 아이들은 권위 있

는 인물에게 복종하며 제멋대로 행동하는 일을 하지 않는다는 것이 그의 이론이었어. 그는 엄격한 규칙들을 자세하게 이야기했지. 이런 규칙을 따르는 아이는 나무 막대에 의지해 자라는 덩굴식물처럼 위쪽으로 올라가 사회적·경제적인 성취와 권력의 정상을 향해 나아간다고.

어머니나 아버지 모두 나를 위한 자신들의 계획에서 조금이라도 벗어난 적이 없었다. 나에게 커다란 희망을 가졌기에 다른 형제자매를 대할 때보다 훨씬 더 가혹하게 나를 대했지. 나는 그들의 프로젝트였단다. 틀에 끼워져 완벽한 모습을 갖춰야 했지. 나는 모든 움직임을 감시받았다. 사람들은 아마 내 어머니를 가리켜 감정이 메마른 차가운 사람이라고 할테지만, 그런 어머니가 내게 퍼붓는 찬사는 강력한 제물이자 최음제 같았다. 지나친 찬사는 사람의 자아를 한껏 고양시키며, 왜곡되고 부풀려진 자신감과 결코 멈추지 않는 공격적인 열정을 불어넣는 법이지.

그러나 이 모든 것에도 불구하고, 나의 내면은 밋밋하고 무감했으며 공허했다. 어머니가 나를 이상화한 반면, 아버지는 나를 게으르고 제멋대로에, 목표 의식도 초점도 없이 타성에 젖은 패배자로 여겼다. 내가 나를 바라보는 방식도 아버지의 시각과 비슷했던 것 같아. 이것이 끝없는 나의 분노에 대한 설명이 되지 않을까 싶구나. 어머니가 생각하는 나와 내가 생각하는 내 모습 사이의 차이는 나를 혼란과 절망으로 몰아갔다. 숭배받는 것은 가슴 설레고 유혹적인 일이었지만, 다른 한편으로는 어머니에게 나를 있는 그대로 바라볼 관심이나 능력이 없다는 의미였고, 나아가 어머니가 내게 아무 관심이 없으며 내가 하는 말을 듣지도, 나를 제대로 보지도 않는다는 의미이기도 했지. 어머니는 유약함의 사소한 증거나 자기 자신에 대한 의심을 경멸했어. 아이 같은 나의 행동을 받아줄 시간도 인내심도 어머니에겐 없었지.

그리고 나의 누나들, 애나와 비어트리스와 로즈가 있었다. 내가 태어났을 때 이들은 열다섯 살, 열네 살, 열세 살이었어. 나는 누나들이 아끼는 장난감이었단다. 누나들의 트로피였지.

나라는 존재는 사실 가짜고 이제 곧 모든 게 발각될 것이라는 느낌을 떨칠 수가 없더구나. 거칠고 장난스러운 본능을 지니고 백일몽을 꾸며 짓궂은 즐거움을 누리는 평범한 어린 소년이 되지 못했지. 초인적인 자질을 지닌 사람인 척하느라 이겨내기 힘든 압박과 가식 속에서 살면서 불확실성과 혼란과 인간적인 욕구로 괴로워했어. 이미 나타나기 시작한 허세는 나를 다른 아이들과 멀어지게 했다. 아이들은 나를 잘난 체하는 오만한 인간이라 여겼어. 지독한 속물이긴 했지만 내가 누군가를 괴롭힌 일은 없었다. 하지만 친구로 삼아도 될 만큼 좋은 사람을 찾지도 못했지. 내가 함께 놀 친구를 집에 데려올 때마다 부모님은 늘 그들을 검증했어. 지나치게 비판적인 태도를 보이며 경멸을 숨기지 않았지. 너무나 부끄러워서 결국 나는 누군가를 집에 데려오는 일을 그만두었다.

그렇게 나는 점점 더 고립되어갔다. 신화처럼 구축된 가족 밖에서는 이야기 나눌 사람도, 세상일에 관한 의문을 공유할 사람도, 어울려 놀 사람도 없었고, 그 어떤 진정한 유대도 느낄 수 없었지. 유일한 접촉이 있었다면 나보다 열한 살 많았던 형 밀턴뿐이었어. 한동안 형과 나는 방을 함께 썼단다. 형은 극도로 우울했고 자신의 분노와 질투를 동생인 내게 쏟아냈어. 나를 심하게 경멸한 데다 가학적인 즐거움을 추구해 끊임없이 이상한 고문과 공포를 가해 왔지. 내 눈에 알코올을 몇 방울 떨어뜨려 잠을 깨우는가 하면 속옷에 불개미를 잡아 넣고, 내 성기의 모양과 크기에 문제가 있다고 세뇌시키듯 이야기했어. 몇 시간이나 붙박이 옷장에 나를 가두기도 했고 손목 살갗이 벗겨질 때까지 침대 기둥에 묶어놓기도 했다. 언젠가는 형이 나에게 엄청난 상해를 입힐지도 모른다는 두려움, 심지어는 나를 죽일지도 모른다는 두려움 속에 살아야 했지. 형의 고문은 비밀스럽게 행해졌어. 약해 보일까 두려운 마음에 난 형의 이런 행동을 다른 사람에게 알릴 수도, 나 자신을 보호할 수도 없었단다. 물론 형도 이런 사실을 알았고, 아무도 제지하지 않았기에 그 변태적인 행동은 새로운 방식으로 점점 더 심하게 발전해갔지. 유약함과 두려움을 호소할 곳이 없다는 사실을 깨달은 나는 스스로를 단련하고 봉인하며 침묵 속에서 고통받을 뿐이었어. 또 다른 자아를 만들어냄으로써 수치와 공포로부터 나를 분리하는 방법을 배웠지. 아무것도 느끼지 못하는 능력을 키워갔어. 나는 사라지는 법을 배웠단다.

내가 공감의 밸브를 닫아버린 것이 바로 그 무렵 아니었을까 싶구나. 타인의 고통을 느끼는 것은 나의 고통을 느낀다는 의미이기도 했고, 이는 도저히 견딜 수 없는 일이었으니까. 내가 매일 경험하는 분노와 공포는 복수와 파괴에 대한 생각으로 가득한 거의 강박적인 환상을 통해서만 덜어낼 수 있었지. 이 불안한 전쟁터에서 나의 성격이 형성된거야. 마음 깊은 곳에서부터 나는 점점 더 건드릴 수 없는 사람이 되어갔고, 끝없이 연출된 환상은 이후 내 행동의 상당 부분을 형성했단다. 그게 누구든, 두 번 다시 나를 과소평가하거나 수치를 주거나 상처 주지 못하게 하고 싶었다. 그랬다가는 심각한 결과를 맞게 하고 싶었어. 십 대에 들어서자 고립이 점점 더 심해졌고, 사춘기의 공격까지 받아 극도로 불안하고 초조하고 흥분한 상태가 되었지. 나 자신 속에서든 외부에서든, 마음 놓고 편하게 긴장을 풀 수 있는 장소는 어디에도 없었다.

마치 악마와도 같은 에너지에 사로잡혀 틀림없이 폭력적인 범죄를 저지르게 될 거라고, 광기와 재앙을 맞게 될 거라고 생각했다. 아니면 이 참을 수 없는 이미지, 이 이상하고 고압적이며 우월함에 가득한 완벽주의를 영원히 지워버릴 어떤 위기를 비밀스레 원하고 있었던 건지도 모르겠구나.

열일곱 살 생일에 난 우연한 행운을 만났어. 쇼 비즈니스업계에서 일하는 삼촌이 나를 처음으로 영화관에 데려갔지. 창문이 열린 듯한 기분이었어. 비참함에서 벗어날 수 있는 길을 찾은 것 같았다. 존 배리모어John Barrymore, 에롤

플린Errol Flynn, 게리 쿠퍼Gary Cooper, 루돌프 발렌티노Rudolf Valentino. 깜짝 놀랄 만큼 잘생기고 재능 있는 이 배우들에게서는 무엇보다 매력, 매력이 넘쳐흘렀지.

그렇게 커다란 스크린을 통해서 난 매력이라는 개념을 알게 되었다. 이 배우들은 사람을 즐겁게 하고 매혹하는 타고난 우아함을 지니고 있었지. 관객들의 관심을 끌어당겨 그들을 가장 강렬한 즐거움으로 채워줄 수 있었어. 별다른 노력 없이 세상을 조종하고, 존재의 타고난 본성으로 관객들에게 최면을 거는 것만 같더구나. 그저 멋진 외모 때문만은 아니었어. 나도 꽤 잘생긴 젊은이였지만 외모가 성공을 가져다주지는 않았으니까. 스크린 속 남자들은 활기를 북돋을 줄 알았고, 날 때부터 부여받은 카리스마와 함께 자신의 외모를 이용할 줄 알았다. 그들의 아름다움에는 위트가 더해진 듯했고, 손에 잡히지 않는 도취의 에너지를 통해 고양되는 듯했어. 사람을 홀리고 갈망하게 만들며 미친 듯 열광하도록 사로잡는 신비로운 동력이었지.

기회가 있을 때마다 난 영화를 보러 갔단다. 그리고 이런 남자들을 연구했어. 그들의 모든 움직임과 미소, 옷을 입는 방식, 자신감, 방 안으로 들어서는 방식, 여성을 유혹하는 방식을 빨아들였지. 그들이 움직이는 방식으로 움직였고 그들의 포즈를 따라 했다. 예리하지만 신비한 눈길로 공간을 훑어보며 잘 정리된 머리를 즉석에서 손으로 쓸어 넘기는 법까지 완벽하게 익혔어. 어머니가 만들어낸 이상적인 모습이 아닌 나만의 이미지를 갖게 된 거지. 그리고 그것이 내 전부가 되었다. 아주 어린 나이에 나는 미국 문화가 이미지, 즉 환상에 기반을 두고 있다는 걸 알게 되었지. 성공하려면 이런 것을 만들어내야 했어.

매력은 나의 요새였단다. 매력은 두 가지 목적을 만족시켰어. 사람들을 끌어들였고, 그들이 나의 주문에 걸려들 때까지 내게 오랜 시간 흥분과 즐거움을 주었지. 매력은 내 권위의 바퀴를 매끄럽게 돌아가게 하는 달콤한 꿀이었어. 나 때문에 사람들이 품위를 잃고 상처 받고 당황했을 때조차 매력은 그들을 혼란스럽게 했고, 끈끈이에 달라붙은 파리처럼 고통스러운데도 내게 매달리게 만들었다. 동료들 사이에서 나의 지위는 하룻밤 사이에 모호한 존재에서 신비한 존재로, 혐오스러운 존재에서 닮고 싶은 존재로 바뀌었어. 당시 사람들이 나를 제대로 알고 있었는지, 정말로 나를 좋아했던 건지(솔직히 말해 좋아할 이유가 무엇이었겠니?) 알 수 없지만, 그래도 사람들은 나를 따랐고 경외에 찬 눈으로 바라보았다. 내 곁에 있고 싶어 했고 내가 갖고 있는 것이 무엇이든 자신들도 갖길 원했어.

물론 키메라*처럼 일렁이는 환상이었지만, 누가 그런 것에 신경을 썼겠니? 매력은 내 과장스러운 모습에서 흉측함을 떨쳐내주었어. 오만함을 달콤하게 누그러뜨려주었지. 나는 속물에 불과했지만 매력이 정당화해주었기 때문인지 사람들은 나를 존경했다. 네 엄마를 만나기 전, 나의 완벽한

* 사자의 머리에 염소 몸통에 뱀 꼬리를 단 그리스신화 속 괴물.

처신 덕분에 내 인생은 이미 위대한 연극이 되어 있었어. 그 빛나는 연기 덕에 내 아버지의 신랄한 비난과 멸시를 피할 수 있었지. 아버지는 나의 새로운 태도와 옷차림, 몸가짐과 말투에 감동을 받더구나. 갑자기 아들이 당신과 당신 아내가 오랫동안 꿈꿔온, 부와 지위를 가져다줄 골든 보이라고 믿게 된 거지. 누나들과 어머니는 나를 향한 사랑과 헌신을 훨씬 더 크게 키워갔다. 나는 새로운 미국의 왕이었고, 모두에게 화려하고 반짝이는 길을 열어주는 사람이었어. 사악한 형 밀턴조차 경계를 풀고 나의 이런 노력에 감화된 듯 보였지. 그는 점점 나를 따라 옷을 입었고 나와 함께 영화관에 다녔어.

내 안에 자리한 고통받고 분노에 찬 젊은이는 그렇게 단단히 위장을 하고 맞춤 양복을 차려입었단다. 자신감과 우아함으로 스스로를 휘감아, 순간적이나마 멋진 스타일과 매력으로 적을 무장해제했지. 너도 상상할 수 있겠지만, 지금에 와서 생각해보면 이는 병든 영혼에 인위적인 처방을 내린 것에 지나지 않았어. 내가 되고 싶었던 깊이 있고 사색적이며 철학적인 사람과 정확히 반대편에 있는 모습을 스스로 세상에 내보인 셈이니까. 나는 내가 은밀히 경멸했던 그 모든 것이 되어 있었지.

죽음이라는 영역에 들어와 끊임없는 자기 강박으로 몇 년을 보내고 생각하니, 우리 내부에 묻어두거나 피할 수 있는 고통이란 없는 것 같구나. 내가 그토록 털어내려 애쓰던 고통받은 남자는 결국 표면으로 드러나고 말았어. 그런 남자를 저 깊은 곳에 남겨두려 애쓴 모든 세월, 내가 무시하고 살펴보지 않았던 슬픔과 고통이 결국 실체로 옮겨 와 가장 공포스러운 악령의 모습으로 돌아온 거지. 그는 내 삶을 통째로 요구했고, 무엇보다 유감스럽게도 지난 31년간 림보에서 나의 죽음을 요구하고 있단다. 나는 그를 마치 제삼자처럼 이야기하고 있구나. 그가 저지른 행동을 책임지지 않으려는 의도는 결코 아니야. 내가 '그림자 인간'이라고 부르게 된 그 인물에게서 나 자신을 얼마나 열심히 분리했는지,

거리를 두고 있었는지 보여주고 싶었을 뿐이다.

어린 소년이었던 나의 진짜 모습에 관심을 보이지 않았던 부모의 방식, 그들이 나를 이상화하고 왕처럼 대했던 그들의 방식 그대로, 나 역시 스스로를 대했다.

내 마음속에서 나는 신이 되었어. 전지전능하고 완벽한 존재가 되었지. 그림자 인간은 그 이야기에서 차지할 자리가 없었다. 내가 추방된 바로 그 방식으로 나는 그를 추방해버렸으니까. 만일 그가 상처 입었다면 나는 참지 못하고 그에게 정신 차리라고 말했을 거야. 만일 그가 두려움을 느끼거나 의심에 차 있었다면 나는 그를 무자비하게 다그치며 몰아세웠겠지. 낮은 자존감이 표면으로 삐죽거리며 올라와 모습을 드러냈다면 내 절묘한 솜씨와 업적을 거들먹거리며 보여주었을 것이고, 내가 영혼의 갈망으로부터 얼마나 멀리 벗어났는지 알려주려 했다면 비현실적이고 터무니없는 꿈이라고 비하하고 점점 커져가는 나의 행운과 부를 자랑하며 그에게 수치를 주었을 것이다. 그렇게 나는 그의 존재를 온전히 삼켜버렸단다. 성공을 통해 그의 존재를 지워버렸어. 그동안 그림자 인간은 음모를 꾸미고 분노로 속을 끓이며 오래 준비했지. 그의 배신감, 그의 고통, 그의 분노는 마치 화산의 용암처럼 깊은 내면에서 부글거리며 끓어올랐어. 시간이 한참 지나고 나서야 그는 모습을 드러냈다. 나 자신을 향한 경멸이 야기하는 끝없는 갈등은 오만과 무능함, 삶의 경로를 바꾸지 못하는 우유부단함과 결합되어 잔인하고 폭력적인 내 미래의 모습을 더욱 확고하게 했지.

하지만 그림자 인간이 모습을 드러낸 건 시간이 한참 지난 뒤의 일이야. 그동안 나는 매력과 멋진 외모, 속물주의에 기대어 살아갔지. 난 화려한 상류층 무리 속으로 자리를 옮겼다. 한동안은 모델로도 일했고, 끝내주는 여배우나 우아한 상류층 여성을 팔에 안지 않고는 사람들 앞에 모습을 드러내지 않았어. 가장 폐쇄적이고 제한적인 클럽들이 나를 초대하곤 했지. 아무런 노력 없이 사회 최상층과 비즈니스 세계에 올라설 수 있었다. 아이러니한 것은, 그 와중에도 내게 환영 인사를 보내는 사기꾼과 위선자를 경멸했을 뿐 아니라 돈에 아무런 관심이 없었다는 점이야. 돈은 나에게는 별 가치가 없는 혐오스러운 대상, 그저 나의 외관을 유지하기 위한 끔찍한 수단에 불과했지. 하지만 정작 이런 모든 세속적 대상에 대한 경멸이야말로 나에게 부를 안겨준 요인인 것 같구나.

사람들이 종종 자신에게 아무런 관심을 보이지 않는 상대에 목을 맨다는 사실을 나는 알아차렸어. 자신이 가치 없는 가짜가 아닌가 하는 존재의 가장 깊은 의심을 건드리기 때문에 자신을 비난하고 함부로 판단하는 사람에게 끌리는 거지. 내 지위를 끌어올리고 유지하기 위해 나는 사람들의 이러한 약점을 이용했단다. 자신의 한심한 생각에 대한 나의 경멸을 눈치챈 사람들은 겁을 먹고 말거든. 그렇게 나는 매력과 멋진 용모로 사람들의 정신을 흐트러뜨리고 그들을 끌어당겼단다. 내 인생은 온전히 이해해야 하는 게임이었고, 특별한 스타일을 입혀 완벽하게 만들어야 하는 페르소

나이며 이미지였어. 나는 현대적인 미국 남성의 대표로 알려져야 하는 존재였지.

그때 네 엄마가 내 인생에 발을 들였다. 바람둥이 독신 남성으로 사는 나날에 신물이 날 즈음, 귀여운 악동이 무정한 악한으로 빠르게 나이 들어가는 시기였지. 쉰 살을 앞둔 그 무렵까지 내가 맺어온 관계는 길어야 몇 달이었어. 스스로도 그랬지만 다른 사람들, 특히 누나들은 걱정이 컸지. 나 역시 '운명의 상대'를 찾으려 했지만 솔직히 결혼과 가정을 꾸리는 일이 두려웠단다. 지루한 아내와 말 안 듣는 아이들이 함께하는 따분한 일상으로 가득한 집에 갇힌다니, 생각만으로 몸서리쳐지는 일이었어.

그즈음 네 엄마를 만났다. 미친 듯 사랑에 빠졌다고 말할 수 있으면 좋겠지만 사실 그런 건 아니었어. (나중에는 네 엄마를 무척이나 사랑하게 되었다는 사실을 알아주면 좋겠구나.)

우리의 상황은 서로 너무나 달랐어. 네 엄마는 나보다 스무 살이나 어렸고, 그 아름다움과 젊음은 머리가 조금씩 회색빛으로 물들어가는 멋진 초로의 남성과 놀라운 대조를 보여주면서도 보완을 이루었어. 금발에 몸매가 아름답고 젊고 근사해 지나가는 사람들마다 고개를 돌렸지. 네 엄마는 미인의 침착함과 주목받는 사람 특유의 소극적인 태도를 동시에 갖추고 있었어. 하지만 우리가 서로에게 이끌린 것은 상대방에게서 자신의 모습을 발견했기 때문이었다.

우리는 도망친 예술가였어. 둘 다 어리석은 과거, 숨 막히는 가족, 원만하지 않은 성격이라는 감옥에서 빠져나온 사람이었지. 우리 둘은 또한 스스로를 직접 만들어간 사람이기도 했다. 네 엄마는 중서부의 가난한 시골 출신이라는 배경을 지우고, 머리를 금발로 물들이고, 이름을 바꾸고, 영화 속 주인공을 연구해 유행하는 스타일로 옷을 입고, 성격을 꾸며냈어. 우리는 무대에서 대중을 즐겁게 하는 듀엣, 아서와 크리스였지. 춤만 아니라면 무엇이든 할 수 있었다. 사람들이 우리를 가리켜 배우 캐리 그랜트Cary Grant와 도리스 데이Doris Day라고 이야기했을 땐 마침내 원하는 곳에 도달한 기분이었어. 우리는 완벽한 고안물이자, 정교한 창작물이었단다. 오로지 무대 위에서만 존재하는 이들. 초기에는 이런 연기가 효과가 있었지.

뉴욕의 가장 유명한 인물들과 어울려 식사를 하고 여행을 하며, 우리의 삶은 드라이한 마티니와 함께 매끄럽게 돌아갔단다. 그 무렵 나는 아이스크림 회사에서 책임 있는 자리로 올라서 있었지. 우리 부부는 역할에 충실하게 옷을 차려입었고, 대사를 외워 재기 넘치는 말들을 내뱉곤 했어. 자신이 진짜 누구인지도, 서로가 어떤 사람인지도 제대로 알지 못했다. 우리끼리 있을 땐 깊은 이야기를 나누지 않았으니까. 우리의 관심은 사회적 지위뿐이었어. 세련된 유행으로 치장된 견고한 허식 아래에 감춰져 있는 그것 말이다. 우리는 매력적이며 관심을 끄는, 하지만 침입을 허용치 않는 불가사의한 존재가 되어갔지.

처음 몇 해 동안은 둘 다 잘해나갔어. 부와 매력과 외모와 지위와 술이 함께했다. 우리의 섹스는 형식적인, 일종의 공연이었어. 아마 넌 별로 알고 싶지 않겠지만 말이야. 또한 우리의 결혼은 지위와 권력을 획득하고 이를 유지하기 위한 공평한 협정이었지. 작은 사업이라고 해야 할까. 나는 사장이었고, 네 엄마는 비서였다. 그리고 결국 나의 허세가 승리를 거두었지. 내가 가진 독특한 성격과 재치를 어떻게 후대로 이어가지 않을 수 있었겠니? 그런 매력과 외모와 지성을 갖추고, 어떻게 자식을 낳지 않을 수 있었겠니? 하지만 솔직히 말하자면, 나와 네 엄마는 아이라는 존재를 그저 더 나은 생활을 위한 도구 정도로밖에 생각하지 않았던 것 같구나.

/

어려서부터 나는 자녀를 갖는다는 것을 끔찍하게 생각했다. 아이들이 보이지 않는 재앙으로 나를 몰아갈 것만 같은 이상한 느낌이 들었지. 성인이 되어서는 아이들에게 알레르기 반응을 보였고 아이들도 나에게 마찬가지로 반응했어. 아이들은 내게 성가시리만치 낯설면서도 놀랍도록 익숙한 존재였단다. 표면적으로는 아이들이 나를 짜증 나게 하고 귀찮게 하는 정도였지만 문제는 훨씬 심각했지. 아이를 갖는 것은 그림자 인간의 귀환을 부르는 촉매였어. 자손을 남기지 않으려는 내 본능이 잘못된 것이 아니었음을 이제는 알겠구나.

내겐 아이다운 태도가 허락된 적이 없었어. 유약하고, 손이 많이 가고, 통제할 수 없고, 소란스럽고, 지나치게 활기 넘치는 그런 모습들 말이다. 아이들은 내가 과거에 어떠했는지를 보여주는 부정할 수 없는 증거였지. 아이들은 내 안의 참을 수 없는 부재, 참을 수 없는 갈망과 깊은 배신감을 환기했고, 살기 넘치는 분노를 일으켰어. 나의 결핍을 떠올리게 한다는 점에서 나는 아이들의 결핍을 경멸했다.

하지만 에비, 나를 가장 당황스럽게 하고 혼란스럽게 만든 것은 너의 탄생, 너의 등장이었어. 네가 지닌 부드러움에 난 아무런 준비가 되어 있지 않았다. 네가 내 안에 자리한 부드러움을 일깨우는 것에 대해서도 아무 준비가 되어 있지 않았지. 네가 태어난 직후에는 너와 함께 있는 나 자신을 믿을 수 없더구나. 매번 너를 팔에 안을 때마다, 갓 태어난 아기의 따뜻한 몸을 안아 들고 부드러운 살결을 느낄 때마다, 너의 그 작은 손가락이 나의 손가락을 둘러 감쌀 때마다 내 몸 전체에 강한 박동이 흘러 지나가는 것 같았어. 이런 관계에서 일어나는 불꽃은 그동안 내가 느꼈던 그 어떤 것보다 강렬한 느낌이었다. 사장 자리를 얻게 되었을 때보다 훨씬 짜릿했고 성교 때의 오르가슴보다 더 에로틱했으며, 그 어떤 기도보다 더 나를 무아지경으로 데려갔다. 내 존재의 모든 세포에 에너지를 채우는 것 같았다. 나 자신에게서 나를 끌어내는 것 같았어.

아무도 내게 이런 감정의 존재를 알려준 적이 없었기에, 어린 딸에게 이런 감정을 느끼는 것이 너무나 혼란스럽더구나. 나는 사랑을 몰랐어. 숭배를 받은 적은 있어도 사랑을 받아본 적이 없었지. 우상처럼 떠받들어진 적도 있고 누군가의 구세주 역할도 해봤지. 하지만 영혼과 세포를 키워주고 채워주는 어머니의 가슴에 안겨 달콤한 젖을 맛본 적은 없었어. 나의 몸은 달콤한 행복감을 받아들이거나 경험한 적이 없었단다.

너의 작은 몸을 향할 때마다 내 몸은 마비되고 공포에 휩싸이고 두려움으로 가득 찼어. 네 엄마는 이런 나를 보며 재미있어했고, 내 세대의 전형적인 남자들이 그렇듯이 아기가 낯설어 그러는 거라고, 혹시라도 떨어뜨리거나 부서뜨릴까 봐 걱정되어 그러는 것이라고 생각했지. 하지만 전혀 아니었어. 아기의 피부를 만질 때마다 아내나 다른 여성에게서 경험하지 못한 광란과 열정을 느낀다고 내가 어떻게 이야기할 수 있었겠니? 너의 부드러운 본질이 내 심장과 허리에 채워진 단단한 자물쇠를 열어 나의 낮과 밤을 최고의 행복과 최고의 고통으로 채워주길 바라는 강렬한 욕망이 나를 사로잡았다고, 내가 미치도록 열망하는 것은 너라고, 그 어떤 감촉도 너의 감촉과 같지 않을 것이며 어떤 달콤함도 이

만큼 달콤하지 않을 것이라고 어떻게 네 엄마에게 이야기할 수 있었을까? 나는 이미 네 엄마를 배신한 셈이었지.

너는 되돌아온 내 삶의 원동력이었다. 내 정자와 내 살로 만들어낸 열정의 산물이었어. 너는 소명이었고 초대였으며 숭고함을 부르는 거친 기도였다. 난 이런 감정을 네 엄마에게 이야기할 수 없었고, 이야기해서도 안 되었지. 그래서 비밀의 씨앗을 심고 이중생활을 이어가게 되었다. 난 노력했어. 물러서 있으려고 노력했다. 금단의 바다를 건너기 전에 이 소유욕으로부터 구해달라고 신께 빌었다. 솔직하게 말하면, 나의 기도는 절반의 진심만이 담긴 충직하지 못한 것이었어. 욕망과 운명이 이미 뒤섞여 있었으니까.

너의 탄생으로 그림자 인간의 등장이 앞당겨졌고, 그의 탐욕스러운 갈망은 자유롭게 풀어놓은 수천 마리 야생마가 뿜어내는 격분으로 가득 차게 되었어. 그의 거친 특권 의식이 네가 지닌 부드러움의 에로틱한 본질 안에서 점점 모습을 드러냈지. 너의 존재는 그의 존재 증거이기도 했다. 너의 순수함, 너의 활기는 그가 자신의 순수함과 활기를 느끼기 위해 갈망하는 먹이가 되었지. 먹이를 잡아챌 적절한 순간을 위해 덤불 속에 숨어 있는 사자처럼, 그는 참을성 있게 기다렸다.

네가 막 태어났을 때, 나는 거리를 지켰다. 밤이 되면 너의 방으로 들어가 네가 잠든 동안 아기 침대 옆을 지키곤 했지만 너를 만지지는 않았지. 몸을 가까이 기댄 채 아기의 숨결에서 묻어나는 달콤한 향을 들이마시곤 했단다. 나는 작은 흰색 담요로 너를 감쌌고, 너의 작은 몸을 들어 안으며 내가 결코 알지 못했던 안전과 기쁨을 선사하는 은하수로 뛰어드는 듯한 기분을 느꼈어. 제단이라 할 수 있는 아기 침대에 누워 흰색 면포를 감고 완전히 무방비한 상태로 사람을 믿는 너는 반짝거리는 제물과도 같았다.

그리고 너는 다섯 살이 되었지. 다섯 살, 특별한 나이였어. 너의 얼굴은 나의 얼굴을 닮아갔고, 생기를 가득 품은 갈색 눈동자는 유혹의 빛을 발했어. 아기 같던 몸에 문득 여성의 분위기가 드리웠고, 짓궂은 장난 사이로는 영리함이 배어났지. 너는 나와 함께 장난을 치며 놀곤 했단다. 나를 놀리기도 했지. 너만은 다른 누구도 모르는 나를 알고 있는 듯 내 놀이 방식을 즐거워했고, 나를 끌어안으며 온전한 편안함을 느꼈으며, 늘 나를 찾았어. 내 어머니와 달리, 너는 내가 어떤 사람이어야 한다는 이미지를 갖고 있지 않았다. 너는 나를 있는 그대로 사랑했어. 나는 너의 순수하고 온전한 숭배의 대상이었으며, 네가 도는 세상의 중심축이었지. 얼마나 강력한 중독제였는지! 모든 딸이 아버지에 대해 그렇게 느낀다는 것을 그때 내가 어떻게 알았겠니? 이런 숭배가 아이의 발달 과정에서 필수 단계이고, 망쳐져서는 안 된다는 것을 어떻게 알았겠니? 네가 보여준 숭배는 나의 과대망상을 다시금 확인시켜줄 뿐이었다. 나는 너의 반응을 이용했지. 그게 거짓에 대한 나의 의구심을 없애주었으니까. 내 공허함을 채워주었으니까. 나를 신처럼 떠받드는 아이가, 내 어머니와 누나들이 그랬던 것처럼 나를 미친 듯이 좋아하는 아이가, 다른 사람들처럼 나를 숭배해야 하고 숭배하고 싶어 하는 아이가 태어난 것이었지.

너는 내가 지닌 온갖 장점과 영광을 보여주는 나의 보물이었고 창조물이었다. 너는 아주 어렸지만 나이에 비해 매우 현명했어. 나의 요구와 기분을 알아차렸지. 자주 그렇긴 했지만 내가 우울에 빠져 있으면 무릎을 타고 올라와 주의를 다른 곳으로 돌리려는 듯, 이 우울함에서 나를 다정하게 데리고 나가려는 듯 작은 손가락을 내 뺨에 갖다 대곤 했단다. 화가 나 있는 나에게 감히 다가올 수 있는 것은 너밖에 없었어. 이상한 표정을 지으며 광대처럼 춤을 추어 나를 웃게 만들었지. 너는 정말이지 가장 친절한 아이였어. 언제나 남을 돕고, 주위 사람에게 과도할 정도로 공감했어. 누군가 울면 너 역시 함께 울었어. 천사처럼 다정한 심성을 지닌 아이였지. 그런 너는 내 것이었다. 아빠의 작은 소녀, 나의 달콤한 파이. 지금 이런 소리를 듣는다면 움찔하겠지. 한때는 그렇지 않았는데 말이다. 달콤한 파이, 달콤한 파이. 걸은 바삭하고 속에는 달콤하고 따뜻한 과일을 품은, 맛있는 파이.

너에게 도취된 감정을 감추기 위해 최선을 다했지만, 이런 종류의 열정은 숨기기가 힘든 법이지. 네 엄마는 늘 "에비는 제 아빠 눈에 넣어도 아프지 않은 보물"이라며 농담을 하곤 했어. 어떤 면에서는 네 엄마가 이런 모습에 안도하고, 이를 부추겼던 것 같아. 네가 태어난 초기에 내가 아기 곁에 가까이 가질 않아서 부녀간의 유대가 부족할까 걱정하던 터였으니까. 세상 모든 힘이 우리가 서로를 가까이하도록 공모한 것 같더구나.

부드러움. 경계선 너머로 달콤한 음파를 쏘아 보내는 듯한 부드러움. 오, 신이시여, 이런 극도의 부드러움이라니. 여기 림보에서 그런 건 이미 사라져버렸지. 아름다움과 다정함의 부재야말로 이 텅 빈 무無의 상태를 가장 잘 정의하는 특징일 거야.

아름다움과 다정함. 그 두 가지는 유약함과 남성성의 결여로 오해되어 나의 소년 시절에는 엄격하게 금지되었던 요소이기도 했어. 살아 있는 사람들 사이에서 가장 많이 사라진 가치이기도 하지. 부드러움보다 더 무서운 것이 있을까? 어떤 전쟁도, 어떤 미움도, 어떤 잔인함도 그것만큼 우리를 무방비로 만들지 못해. 이런 부드러움을 어떻게 대하면 좋을까? 집어삼키고 소유하고 부수어버려야 할까? 그저 그 부드러움을 간직한다는 생각, 너와 함께하며 내 사랑의 깊이를 느끼고 감상하고 나눈다는 생각은 들지 않더구나. 대신 이 놀라운 애정은 고통으로, 불타오르는 저주로 변해갔지. 나는 온통 공허했고 아무런 준비도 되어 있지 않았어. 아, 에비, 나는 너를 너무나도 좋아했단다.

이 모든 일이 어떻게 시작되었을까? 너를 향한 너무나 큰 관심에서 시작되었다는 것만은 알고 있다. 인간은 대체 어쩌다가 허용 범위를 넘어서는 실수를 저지르는 것일까? 어떻게 우리 유전자의 한가운데 기록되어 있는 금기를 찢고 들어가는 것일까? 천천히, 조금씩, 그게 그 답이었어. 나 자신이 매우 도덕적인 사람이라는 사실에 자부심을 가지고 있었다는 걸 상기시켜야겠구나. 나는 열정적으로 진실을 말하는 사람이었고, 필요 이상의 돈을 원한 적도 없지. 무엇보다 절제의 가치를 믿는 사람이었다. 내가 극도로 엄격하게 훈육했기에 넌 늘 관대함을 드러냈고 다른 사람을 존중했어. 나는 이런 나의 고결함을 자랑스러워했단다.

회사 대표인 나는 사업을 할 때도 내가 맺는 모든 관계에서 공정함을 강조했다. 탐욕과 낭비를 경멸했고, 재물을 좇는 일에만 열심인 천박한 졸부들과 친해지려 애쓴 적도 없었지. 내 아이들은 필요한 모든 것을 가질 수 있었다. 치아교정, 옷과 구두. 매년 휴가를 갔고 수영과 발레 레슨도 받았어.

얘야, 나는 대체 무슨 이야기를 하려는 것일까? 과거를 떠올리며, 나의 선량함을 들먹이며 너를 설득하려 노력하는 건 아닐까 두렵구나. 하지만 네가 필요로 하거나 원하는 건 그런 게 아님을 알고 있다. 단지, 너와 함께했던 나의 모습과 내가 생각하는 나의 모습 사이에 엄청난 간극이 존재했다는 말을 하고 싶었을 뿐이야.

그것은 아주 간단하고 쉽게 일상에 스며들었어. 우리는 게임을 했지. 나는 눈을 감은 채 묻곤 했어. "나의 에비는 어디에 있을까? 왜 도망갔을까? 어디에 숨었나?"

그러면 너는 기쁨에 겨워 소리쳤지. "여기 있어요, 아빠. 여기요." 나는 여전히 눈을 감고 말했어. "내 달콤한 파이가 어디로 갔지? 왜 날 더 이상 사랑하지 않는 거니?" 그러면 너는 나의 바짓가랑이를 끌어당기고 넓적다리를 건드리며 다시 말했단다. "아빠, 나 여기 있어요. 여기 있다고요." "네가 도망가서 아빠는 너무 슬퍼. 왜 아빠를 떠났을까?" 그러면 또다시 네가 내 팔과 다리를 밀며 고함을 쳤지. "눈 떠봐요, 아빠. 눈을 뜨라니까요. 나 여기 있어요." 너는 내 무릎으로 기어 올라와 작은 손가락으로 내 눈꺼풀을 들어 올리느라 애를 썼어. 눈을 딱 붙여놓은 듯 나는 꿈쩍하지 않았지. 너는 "아빠, 눈 떠봐요, 눈 좀 떠봐요" 하며 울기 시작했고,

장난이 너무 길어진다 싶을 때쯤 나는 놀라고 또 기쁘다는 듯 눈을 뜨곤 했어. "아, 여기 있었구나! 내 달콤한 파이가 여기 있네! 하지만 이 소녀가 아빠를 사랑하는지는 아직 잘 모르겠는걸." 그러면 내 얼굴을 붙잡고 있던 너는 내 눈을 들여다보며 뺨과 이마에 입을 맞추었지. "아빠, 사랑해요. 사랑해요, 아빠." "잘 모르겠는데, 에비. 아빠는 잘 모르겠어." 너는 깔깔거리고 소리 지르고 나를 때리곤 했단다. "우리 아빠, 아빠는 내 거예요." "나는 잘 모르겠는데. 정말 그러니, 에비?" 너는 온몸으로 나를 감싸고 야생 고양이가 하듯 내 뺨에 너의 뺨을 비벼댔단다. 그러면 나는 너를 꼭 안아 올린 뒤 빙글빙글 돌리며 이렇게 말했어. "그래, 너는 아빠를 사랑하는구나. 정말 사랑해. 너는 아빠의 소중한 아이야." 너는 안심과 기쁨으로 소리치며 웃었단다.

하루는 내가 지나치리만큼 오랫동안 눈을 뜨지 않자(지금 생각해보니 너를 놀라게 하려고 했던 것 같구나) 너는 절박하게 말했어. "아빠, 아빠, 눈 떠봐요, 나 여기 있어요." "에비, 너를 못 찾겠어." 너는 소리 지르고 울며, 놀란 손가락으로 내 눈꺼풀을 밀어 올렸지. "아빠, 눈 떠봐요. 눈 좀 떠요. 나를 봐요, 나 보라고요." 그러곤 간청하며 울부짖었다. "아빠, 눈을 떠요. 눈 좀 떠봐요."

마침내 눈을 떴을 때, 너는 슬픔을 가누지 못하고 있었어. 마치 태고의 가장 근원적인 상실을 경험한 듯, 우주의 비탄에 도달한 듯 울고 또 울었지. 너를 진정시키려고 난 할 수 있는 모든 일을 했다. 너를 안고, 네게 입 맞추고, 이제 그만 그치라며 엄격하게 말하기도 했어. 하지만 너는 울음을 그치지 않았지. 아마 그칠 수 없었을 거야.

그때 왜 그런 일이 일어났는지 모르겠다. 네 애착의 극단과 나에 대한 필요를 확인하고 흔들렸던 것일까? 그 전까지 누구도 내 관심을 끌기 위해 통곡하는 일은 없었으니까. 네가 무방비한 상태로 간절하게 나를 원하는 상황이 아마 폭주를 허락했던 건지, 그림자 인간이 끼어들었어. 그때, 그곳에서, 그림자 인간이 죄악의 문을 부수었던 거야. 그가 너의 작은 몸을 쓰다듬기 시작했다. 처음에는 너를 달래기 위해서였어. 아니면 적어도 스스로는 그렇게 생각했겠지. 손이 천천히, 또 부드럽게 너의 가슴 언저리로 가 아주 조금 부풀기 시작한 젖꼭지를 건드렸어. 이 행동이 어느 정도는 너를 달래고 긴장을 풀어주었을지도 모르겠다. 하지만 그림자 인간은 더 나아갔지. 그는 다른 것을 원했어. 손을 아래로 뻗어 부드러운 배를 간질이고, 천천히, 조금 더 아래로 내려가 면으로 된 너의 속옷에 이르렀지. 그만두어야 한다는 건 알고 있었다. 정말이지 끔찍하게 잘못되었다는 것을 알고 있었지만, 그만두지 않았어. 나는 다섯 살짜리 딸을 둔 쉰두 살의 나이 든 남자였다. 그런데도 나의 필요, 나의 욕구가 분별력보다, 너의 안전보다 더 강력했던 거야. 이제는 네 몸 달콤한 부분의 손잡이를 건드릴 듯 말 듯 손을 움직였어. 처음에는 느껴지지도 않을 만큼. 일종의 테스트였지. 나는 너의 솔직함을 이용했다. 너의 신뢰를 악용했어. 네가 원하고 있다고 스스로 되뇌었다. 너는 울음을 멈췄어. 나의 손길이

독성 강한 치료제였던 셈이지.

무릎 위에 앉은 너를 끌어안자 모든 경계가 녹아 사라지더구나. 금기를 넘어, 법을 넘어, 더없는 행복의 은하수가 위아래로 출렁거렸어. 천국이 모두 소리를 내는 것 같았다. 계속해, 계속하면 안 돼. 계속해. 이래선 안 돼. 이건 네 권리야. 이건 죄악이야. 이건 너무 지나쳐……. 아, 에비, 그때 그만두어야 했는데.

/

내 이야기가 너무 빨랐구나. 그때의 일이 생생히 떠오른다. 지난 기억을 되짚는다기보다는 눈앞에서 재상영되는 느낌이야.

그날, 그렇게 그림자 인간이 다가와 내 인생을 끝내버렸다. 네 인생도 마찬가지로 끝내버렸지. 이성적이지도 익숙하지도 않은 이끌림에 의해 난 어떤 영역에 들어서고 말았어. 나를 도덕적인 존재로 정의했던 밧줄을 스스로 끊어버리고 배에서 분리되어 난폭하고 가차 없는 바다로 영원히 내던져진 거야. 이제는 볼 수 있지만, 그때는 나를 사로잡은 힘이 너무나 크고 강력해 이성적인 분별을 압도해버렸지.

너는 내 영혼을 구하기 위해 내려온 천사였고, 나는 구원을 갈망했다. 다른 무엇보다 인간이 되기 위해 갈망하던 그때 내 진짜 마음을 들여다보게 해준 너는 선물이었어. 나의 왜곡된 마음속에서 우리는 그때 혼례를 올린 셈이었단다. 남편과 아내로서가 아닌, 신 앞에서 우리 두 사람이 맺은 훨씬 더 심오한 육체의 서약이었다. 에비, 너는 내 것이었다. 온전히 내 것이었어. 특별한 존재. 온갖 제약을 뚫고 아름다움과 순수함과 재치를 통해 나 자신에게서 나를 끌어내고, 내가 결코 알지 못하던 높은 곳으로 인도해 기꺼이 영원히 죄인이 되도록 만든 존재.

그림자 인간이 이를 목격하면서, 우리 관계의 은밀한 본성이 우리의 유대와 소중함과 친밀함을 더욱 깊게 만들었어. 비밀스러운 관계는 애욕과 두려움, 우리 공동의 위험이 스며든 일종의 마약이었다. 그것은 우리만의 비밀이었지. 누구도 건드릴 수도, 알 수도 없는, 우리의 유대이자 약속이었어. 그림자 인간은 이를 이용했다. 금박을 입힌 화려한 상자와도 같은 그 비밀 속에 그가 우리 두 사람을 넣어두었지. 왜 이런 비밀을 털어놓겠니? 왜 굳이 천국을 몰수당하겠니?

다섯 살의 너는 내 마음을 모두 얻었다는 걸 깨달았지. 나는 다른 누구도 아닌 너만의 것이었다. 어떤 아이라도 의기양양해 권력에 대해 왜곡된 인상을 갖게 되었을 거야. 네가 예쁜 눈을 깜빡이거나 반짝거리는 크리놀린 페티코트*를 살짝 들어 나를 놀리기만 해도 나는 가망 없는 사람이 되어버렸다. 나를 조롱하고 아양을 부리다가도, 내가 넘어갈 때면 너는 갑자기 관심을 거두어 나를 추락하는 듯한 현기증

* 넓은 치마를 부풀게 하기 위해 빳빳한 소재로 만든 속치마.

속으로 몰아넣곤 했지. 이런 일들을 즐기지 않았다고 이야기한다면 그건 거짓말일 거야. 그때까지 내게 그만큼이나 위력을 행사한 사람은 없었다. 나를 이렇게 사로잡고, 나와 이렇게 장난을 치고, 내가 둘러쓴 허식의 장막에 구멍을 낸 사람은 없었어. "네 마음대로 하렴, 에비. 너 하고 싶은 대로 해." 그렇게 황홀감으로 가득한 날들이 시작되었지.

어둠이 내려앉는 시간이면 네 방에 있는 나를 발견하곤 했어. 햇살과 어둠 사이, 꿈과 기억을 해독할 수 없는 어슴푸레한 영역에서만 나는 살아 있음을 느꼈다. 나는 너를 그렇게 조종했다. 이 집의 다른 사람들은 잠들어 있고 깊은 잠에 빠진 네가 네 몸으로부터 분리되는 캄캄한 시간. 그림자 인간에 이끌린 나는 너의 침대에 앉아 있곤 했어. 너는 잠이 든 척했지. 마치 아무 일도 일어나지 않는 것처럼. 내가 가버리기를 간절히 원하면서. 나는 말을 하지도, 소리를 내지도 않았어. 침묵이 나의 권력이었다. 말은 주문을 깨뜨리고 현실을, 그 흉측한 것을 있는 그대로 드러낼 터였으니까.

내 손이지만 내 손이 아닌 그것이 부드러운 너의 잠옷 속으로 들어가 네 맨살에 가 닿았다. 에비, 빳빳한 침대 시트 아래로 너의 다리가 뻗쳐 나왔지. 나는 부드럽게 너의 팬티를 내렸고 너의 생명력을 들이마시듯, 축축한 습기를 들이마시듯 내 얼굴을 가져다댔다. 여전히 눈을 감은 채 너는 이 일이 멈추기를 기도하고 있었어. 나는 검사를 위해 네 다리를 들어 올렸지. 나는 너의 의사였으니까. 더러운 의사 말이다. 먼저 무엇이 필요한지 손가락을 사용해 살펴보고, 부드럽게 검사를 이어갔지. 관심이 필요한 곳을 찾기 위해, 깊이 들어갈 곳을 찾기 위해 여기를 만지고 또 저기를 만지고, 가볍게 만졌다가 보다 세게 만지기도 했다.

네가 숨 쉬기 힘들어하는데도 나는 이런 것이 널 자극하는 거라고 스스로 되뇌었지. 나는 너의 의사이고, 너를 치료하는 중이라고. 물론 너도 나를 원한다고. *여기 만져주세요, 지금 여기요, 아빠. 여기를 좀 더요.* 나는 생각했지. 너를 위해, 너, 바로 너, 작은 에비를 위해, 처음에는 아주 천천히 가볍게, 거의 만지지 않고 그저 보기만 하는 거야. 그런 다음 그곳을 만지고, 손을 지그시 밀어 넣어 문지르고, 손을 움직이고, 다시 움직이고, 방향을 조금 바꾸어 밀어 넣고, 또 밀어 넣고 싶은 욕구에 네 몸을 문지르고, 앞뒤로, 앞뒤로 오가며, 네가 느끼는 그곳을, 우리가 느끼는 그곳을 문지르고 또 문지르면 선생님, 거기예요, 바로 거기요, 멈추지 말고 계속해주세요, 나를 치료해 다시 생명을 불어넣어주세요. 생명, 생명을. 세상에, 에비 네가 나의 생명이었다. 나의 손에서 작은 지진이 일고, 몸서리쳐지도록 멋진 풍광이 폭발하는 것 같았어. 세상에, 정말 참혹하리만치 끔찍하구나. 이미 죽어서 육체가 없는데도 구토를 할 수 있는 걸까?

너의 혐오와 역겨움이 느껴지는구나. 다섯 살 된 너의 몸에 불안과 두려움, 불가해한 슬픔이 넘쳐흐르는 것이 보이는 것 같아. 쾌락은 자기 소멸이, 육체적 관계는 비통함이 되었지. 내가 저지른 일이었다.

/

에비, 지금의 나는 무엇으로 이루어져 있을까? 대체 물질 너머의 무엇을 두르고 있는 것일까? 나는 피부 대신 수치라는 섬유로, 살 대신 불퉁거리는 사악한 의도로 이루어진 존재다. 내 가면을 모두 벗으려면 시간이 필요할 거야. 각각의 겹이 다른 겹으로 이어지고, 또 그 각각이 진실처럼 보이거든. 썩어가는 진실을 파내고 있으니 나를 조금만 더 참아주길 바란다. 내가 너에게 어떤 고통을 안겼는지는 잘 알고 있어. 너는 의식의 부검을 요구했고, 이제 내 정신의 사후경직이 조금씩 풀려가며 그 과정을 서서히 진행하고 있단다.

심판을 계속 진행해야겠구나. 언젠가는 다시 과거로 돌아가 또 다른 프리즘을 통해 바라볼 기회도 있겠지. 하지만 지금은 그때 내가 경험한 방식으로, 아무 자각 없이 마음을 빼앗는 이기심과 욕망에 사로잡혔던 기억을 공유하려 한다. 그때 일을 설명하는 것이 곤경을 면해보려거나 너를 힘들게 하려는 것처럼 보일지도 모르겠지만, 이것이 내가 경험한 그대로의 얘기야.

지금도 그렇듯이 그때 나는 그림자 인간과 분리되지 않았고, 그 존재를 알고 있었다. 나는 그의 내부에 자리하고 있었지. 너를 향한 나의 집착이 모든 것을 지워버렸어. 네가 있으면 모두가 사라진 듯 다른 사람이 눈에 들어오지 않았다. 가족들도, 마치 그림자 속에 심어져 조금이라도 햇빛을 받기 위해 가지를 뻗어가는 나무처럼 점점 뒤틀리며 기형적으로 변해갔지. 그들이 간절하게 내미는 손도 나에게는 짜증스러운 부담에 지나지 않았어.

물론 어디쯤에서는 나도 내 행위가 끔찍하고 역겹다는 사실을 알았을 거야. 하지만 그림자 인간의 지독한 갈망이 나의 죄의식을 짓밟아버렸지. 그는 식탁을 뒤엎으며 요구 많고 한심한 가족들을 비난했어. 가족을 달라붙는 해충처럼 여겨 밀쳐버렸다. 그에게 중요한 한 사람은 바로 너, 에비뿐이었으니까. 그는 이런 사실을 감추려들지 않았고 그럴 능력도 없었어. 그래서 가족들은 너를 멸시하게 되었지. 어떻게 보면 내가 너를 미움받는 자리에 세워놓은 셈이었다. 그것이 네가 망가진 이유의 하나였지. 그들이 나를 비난할 수는 없었다. 나는 남편이었고 아버지였으니까. 그들에겐 내가 필요했으니까. 그러니 너를 비난하는 수밖에. 그들이 불행한 이유는 바로 너일 수밖에. 내가 화를 내는 이유도 너였다. 너는 모든 잘못된 일의 원인이었다. 너는 내 마음을 훔치고, 나머지 가족을 어둠 속으로 몰아갔지. 너의 이름은 이브였고, 가족의 몰락을 가져온 주인공이었다. 너는 고작 다섯 살이었어.

그러니 네가 어떻게 자기 자신에 대해 제대로 생각할 수 있었겠니? 너는 배신자이자 도둑에, 이기적이기 그지없었으며, 지나치게 도발적이고, 지나치게 강하고, 과도하게 열정적이었어. 넌 오명을 썼고 저주를 받았다. 가족들의 음울한 정원에서 영원히 쫓겨날 처지였지. 그동안에도 우리의 어슴푸레한 밤은 계속되었다. 하지만 깊은 상처를 입은 그림자 인간은 점점 탐욕스러워졌어. 죄를 지을 때마다 그의 가슴속에 자리한 또 다른 갈망의 문이 열렸지. 무단침입을 해도 처벌받지 않자, 그는 더욱 더 대담해졌어.

에비, 우리는 두 개의 세계, 너와 나라는 세계에서 살았지. 낮과 밤 속에서. 하지만 시간이 지나며 이 둘 사이의 경계선은 점점 더 모호해졌어. 너에 대한 나의 갈망, 나의 사랑, 나의 집착은 너무나 커져서 넘쳐흐를 정도가 되었지.

이미 한 번 나를 죽은 자들 사이에서 되살린 바 있는 너는 여전히 내 심장을 뛰게 했고, 내 살에 정념의 불을 붙였다. 너의 달콤한 향기와 손길, 아이다운 에너지가 새로운 피처럼 내 속에서 진동했어. 흡혈귀처럼, 나는 살기 위해 네가 필요했다. 더 많이 필요로 하게 되었지. 너의 모든 부분을 갖고 싶다는 마음이 폭력으로 변해갔다.

유감스럽게도, 네 엄마는 부부 둘만의 휴가를 계획했어. 아마 너에게서 나를 떼어내 이 집 밖으로 데려가기 위해서였겠지. 따분한 섬에서 보낸 끔찍한 휴가 내내 나는 술을 지나치게 마셔댔다. 너를 떠나왔다는 사실을 견딜 수가 없더구나. 불쾌하고 참을 수가 없었어.

집에 돌아온 나는 문을 열고 언제나처럼 네가 달려와 품안으로 뛰어들기를 기다렸다. 하지만 너는 나오지 않았어. 위층에서 오빠와 놀고 있었지. 방으로 들어갔지만 쳐다보지도 않더구나. 나를 알아보지 못한 듯, 내가 누구인지 잊어버린 듯했어. 네 엄마가 "에비, 아빠에게 인사 안 해?" 하고 물어야 했지. 이 의식을 치러야 한다는 사실에 화가 난 듯, 넌 형식적으로 다가와 대충 내 뺨에 입을 맞췄어. 그러고는 조금의 미소도 없이 돌아서 가더니 놀이를 계속했지. 가슴이 철렁하더구나. *내 사랑스러운 아이가 아니야. 도대체 무엇이 이 아이를 이렇게 만들었지?*

"에비, 아빠에게 이것보다는 잘해줄 수 있지 않니?" 난 당황과 상심을 감추고 장난스럽게 물었지.

"나 지금 바빠요, 아빠."

얼굴이 화끈거리더구나. 난 문을 닫고 돌아 나왔어. 심장이 떨어지는 기분이었지.

너는 네 엄마와 경쟁하고 있었던 거야. 왜 그렇지 않았겠니? 내가 도대체 어떤 삼각관계를 만든 것일까. 이 얼마나 혼란스러운 일이니. 네 엄마가 너의 협력자가 아닌 적이 되어버리다니. 내가 다른 아내와 함께 휴가를 보내고 오는 바람에 넌 마음이 상심으로 가득 차 제멋대로 굴었지. 하지만 아홉 살 아이의 머릿속에서 일어나는 일을 이해하려 애쓰기는커녕, 나는 그저 네가 날 거부했다는 사실에 분노할 뿐이었다. 어떻게 감히 네게 모든 것을 헌신하는 나에게서 사랑을 거둘 수가 있지? 어떻게 감히 아버지인 나를 이길 수 있다고 생각하는 거지?

네가 어떤 고통 속에 있는지, 내가 다른 사람과 며칠이나 떠나 있는 동안 네가 어떻게 느꼈는지에 대해서는 전혀 생각하지 않았다. 너야말로 유일한 내 사랑이라 믿게 해놓고 난 그것을 비밀로 만들었지. 그러한 비밀이 네게 얼마나 고통스러울지 잠시도 생각하지 않았어. 구역질 나는 일이지.

넌 얼마나 고통스러웠을까? 질투로 인해 얼마나 힘들었을까? 몇 년이 지나 유부남들과 충동적인 연애를 이어간 것도 어쩌면 이때의 일이 마음속에 남아 있었기 때문 아닌가 싶구나. 이 일이 너 자신을 차선으로 여기고 스스로를 언제나 두 번째라고 생각하게 만든 거야. 결코 결혼이나 사랑의 첫 번째 고려 대상이 될 수 없는 존재. 사랑하는 누군가의 온전한 관심을 얻기에 충분치 않은 존재. 밤이 깊어진 후에야 사람들이 찾아가는 창부 같은 존재.

하지만 그때는 이런 일을 생각하지도, 느끼지도 못했어. 나는 너를 잃었고, 그래서 공황 상태에 놓여 있었다. 나에 대한 너의 의심이 피어오르는 것을, 새롭게 망설임과 의문이 등장하는 것을 느낄 수 있었지. 에비, 너는 나의 달콤한 파이였지만 사납고 반항적인 아이이기도 했다. 나는 네가 나에게 계속 충실한 존재로 남아 있을지 더 이상 확신할 수가 없었어. 통제권을 발휘해야 했기에 그림자 인간이 전면에 나섰다.

계속해서 이 이야기를 이어나갈 수 있을지 모르겠구나. 그다음 일어난 일을 이야기하는 것이 과연 너에게 도움이 될까? 그래, 꼼꼼한 확인이 없으면 사과라고 할 수 없겠지. 하지만 내 잔인함의 깊이를 파헤치고 그 내용을 너에게 확인받는 과정이 치유가 아닌 충격이 되지는 않을지 정말 걱정되는구나. 나의 악랄함을 모두 자세히 알게 되면 너는 스스로를 혐오하게 될까, 아니면 자유로워질까?

그때 모든 것은 그 나름의 논리와 궤적을 지녔고, 나의 사악한 분노가 거기에 연료를 공급하고 있었다. 너의 배신. 네가 나를 밀쳐내 이렇게 만들었지. 사랑을 거두어버림으로써 나의 생명을 위협했어. 그건 내게 삶과 죽음이 걸린 문제였지. 내 힘이 미치는 범위에 너를 두기 위해 난 할 수 있는 모든 일을, 어떤 일이든 해야 했다.

그날 밤에도 그림자 인간이 네 침대를 찾아갔지만, 그의 규칙은 완전히 바뀌어 있었어. 조급하고 공격적이었지. 그가 시트를 젖히고 너의 다리를 빠르게 잡아당겨 강제로 벌리게 했어. 그러곤 침대에서 너를 거칠게 밀어붙여 자기가 원하던 것을 가졌다.

그는 더 이상 치유자인 척하지 않았어. 그는 사냥꾼이었다. 너는 더 이상 환자가 아닌, 그의 먹잇감에 불과했고. 너는 겁에 질려 있었지. 네 충격과 비난이 그림자 인간을 수치스럽게 만들었고, 나아가 그의 분노를 자극했다.

그동안 가장해온 동등함은 그날 밤 완전히 산산조각 났어. 그가 우두머리였고, 그가 명령을 내렸다. 그를 멈추기 위해 너는 손으로 막으며 밀쳐내려 했지만, 공포에 질려 숨조차 쉬지 못하더구나. 고함을 치려는 듯 너의 눈은 크게 뜨여 있었어.

매의 발톱 같은 그의 손가락이 다가가 네 몸을 뚫고 들어갔다. 부드러운 살을 찢어버렸다. 부드러운 깃털을 뽑아버렸다. 네가 지키는 소중한 정원의 황금 문을 할퀴어댔고, 네가 허락하지 않자 마구잡이로 들이닥쳤다. 그의 타락으로 너는 비틀거렸다. 싸우고 또 싸우다가, 어느 순간 싸움을 멈췄다.

그렇게 그림자 인간은 자신이 가장 열망하던 그 부드러움을 유린했다. 자신을 무기력하게 만들고 노출시켰던 그 부드러움, 자신을 포로로 만들었던 그 부드러움을. 그가 다시 인질로 돌아가는 일은 없을 터였다. 너는 그에게 속한 영토이고, 이 일은 그의 위대한 침략이었지.

손과 힘으로 너의 가장 은밀한 부분을 건드릴 때도, 나는 가끔씩만 흥분할 뿐이었어. 내 성기를 네 몸에 넣지는 않았다. 발기가 된 적이 거의 없었으니까. 이상한 방식으로 너에게서 떨어진 채 그저 방관할 뿐이었지. 에비, 나는 왜 이런 말을 하고 있을까? 그러면 네가 나를 좀 관대하게 생각해줄까 봐? 상상할 수 없는 일은 하지 않았으니까? 그 정도로 심하지는 않았으니까?

전부 솔직하지 못한 얘기겠지. 에비, 나는 너를 강간했다. 의사 행세를 하는 아빠인 내가 너를 강간했고, 지금도 강간하고 있어. 관능적인 치료를 한다며 거친 손가락으로 너를 강간했다. 몇 번이고 거듭해서 네 몸을 뚫고 들어갔어. 네가 가장 아파할 곳으로 점점 더 깊게. 네 의지에 반해 억지로, 강압적으로. 너는 내가 소유한 국가, 내가 불법으로 점유한 대지였으며 전리품이었다. 이 대지와 그 땅에서 자라는 모든 것을 망친다 해도 난 아무 상관없었어. 내 소유이기만 하면 그걸로 되었지. 네가 깨지고 부서질수록 좋았어. 그래야 잡기 쉬우니까. 더 다루기 쉬우니까.

너는 독립과 주체적인 사고를 주장하고, 나의 행동과 충실함에 의문을 표하며 나를 모욕했다. 너는 나의 이기적인 야만성과 무정한 잔인함의 가면을 벗기고, 범죄자이며 사기꾼인 내 본질을 드러나게 했어. 그러면서 나에 대한 사랑을 거두겠다고 협박했지. 이 모든 것이 나, 아서 엔슬러의 법정에서는 중범죄였어. 이 새로운 전략이 너를 내게 되돌려주리라 생각했던 걸까? 그것이 가능하다고 여겼던 걸까? 그저 무자비함의 표현이자 야만적인 폭력의 행사가 아니었을까? 이게 강간이 아니라면 무엇이었을까? 혹시라도 섹스와

혼동한다면 엄청난 실수이겠지. 그것은 분노의 발작이었고, 폭력적인 제압이었으며, 지배하고 파괴하려는 욕망이었으니까. 열 추적 미사일이 그러듯, 가장 심각한 상처를 입히기 위해 희생자 신체의 가장 약한 부분을 찾으려 들었지. 그것은 처벌이었고, 지배였다. 협박을 근절하기 위한 수단이었고, 우리를 인간답게 만드는 모든 경계에 대한 기꺼운 파괴였어.

이 모두가 필수적이고 또 예정된 일이었다. 내 몸 깊은 곳에서부터 생겨난 커다란 파도 같은 것이었지. 제 나름의 궤적과 코스를 지닌, 아주 오래된 것. 똬리를 푼 사나운 뱀이었고, 금방이라도 뛰어나갈 것 같은 감금된 종마였어. 수치스러운 것이지만 의기양양한 것. 핵폭발의 구름처럼 끔찍하리만치 엄청난 것. 부정당하고 인정받지 못한 남자의 뒤틀린 굴절이라 할 수 있는 강간은 늘 너무도 빠른 속도로 일어난단다. 광란 상태에서 그 어떤 배려를 요구할 수 있겠니. 그런 잔혹한 밤이 너무나 길게 이어졌다. 그림자 인간은 모든 위험을 무릅썼고, 그 결과로 인한 여진이 곳곳에 남게 되었어.

그 일은 늘 밤의 공포와 함께 시작되었다. 잠들어 있던 너는 끔찍한 고함을 내지르고 몸부림을 치며 횡설수설하는 소리로 온 집 안을 다 깨워놓곤 했지. 너를 안정시키느라 달려간 네 엄마를 밀쳐내며 너는 이렇게 소리쳤어. "이 손 치워! 가버려, 나가, 나에게 손대지 마!" 어둠과 공포가 너를 사로잡았지. 넌 꼭 귀신들린 사람 같았어. 이런 밤의 공포는 계속되며 점점 더 심해졌다. 너는 거의 잠을 자지 못했어. 식욕도 잃었지. 네 엄마는 틀림없이 네가 무언가에 사로잡혀 있는 거라며 걱정했고, 사실이 그랬다. 네 엄마가 널 의사에게 데려가려 했을 때, 난 내 가족력에 수면 장애가 있다고 주장했어. 그 섬뜩한 소아 성애의 증세가 모습을 드러내기 시작하려던 참이었지.

그리고 곧 끔찍한 감염 증세가 나타났어. 네 엄마가 아침 일찍 화장실에서 울고 있는 너를 발견했다. 뜨거워, 몸이 불타는 듯 뜨겁다면서, 너는 다리 사이를 잡고 온몸을 떨며, 울고, 떨고, 울었다. 도무지 달랠 방법이 없더구나. 너는 발작을 일으켰어. 네 엄마가 세 번쯤 널 의사에게 데려갔지. 만성 요도염을 진단받았다. 하지만 어떻게 이 병이 시작된 건지, 누구도 그 원인을 알 수가 없었어. “우리 아이에게 도대체 무슨 일이 일어난 걸까, 여보? 이런 모든 일이 어떻게 갑자기 한 번에 나타날 수 있지?” 네 엄마는 날 의심하고 있었어. 그렇게 꼬리를 밟힐 무렵, 어떤 힘이 너를 집어삼켜 나쁜 방향으로 이끌고 가는 듯했지. 네 행동이 눈에 띄게 달라진 거야. 갑자기 침울해졌고, 묵묵부답이었어. 더는 쾌활하고 명랑하고 호기심 넘치는 아이가 아니었지. 우울해지고, 주눅 들어갔어.

너는 마치 유령처럼 움직였다. 고개를 드는 일이 거의 없었고 말도 하지 않았지. 머리도 감지 않아 늘 냄새가 나고 더러웠어. 학교에서는 집중은커녕 수업도 제대로 듣지 않아 시험을 통과할 수 없었고. 아무것도 기억하지 못하고 배우지 못하는 것 같았다. 넌 점점 더 멍청해졌어. 성적은 형편 없이 떨어졌고, 가장 친한 친구들과도 멀어졌지. 너에게서 절망의 냄새를 맡은 다른 아이들은 마치 전염병인 듯 너를 피하며 놀리고 조롱했어. 이런 약점을 잡아 나는 너를 경멸했다. 하지만 너의 몰락이 나로 인한 것이라고 내가 어떻게 인정할 수 있었겠니? 내 야만성이 만들어낸 명확한 결과를 어떻게 참을 수 있었겠니? 그러는 대신 나는 너를 더욱 경멸했고, 이런 일이 일어나게 된 것은 다 네 잘못이라고 느끼게끔 만들었어. 네가 자아를 주장하며 나를 거부했기 때문에, 나의 달콤한 파이, 사랑스러웠던 너는 지저분하고 부끄러운 소녀로 변해버린 거라고.

그때쯤 학교에서 연락을 받았어. 네가 열 살 무렵이었을 거다. 교장실에서 만난 너는 울어서 눈이 퉁퉁 부었고, 옷차림은 흙투성이가 되어 엉망진창이었지. 수업이 끝난 후 두 남자아이가 운동장 한가운데에 너를 쓰러뜨리고 수백 명의 아이들이 보는 가운데 속옷을 벗겼다더구나. 절망에 빠져 울고 있는 너는 정말 무기력해 보였다. 그런데도 나는 화가 치밀어 너를 비난했어. 그만 울라고 소리쳤지. 어떻게 이 지경이 되도록 가만있었어? 도대체 어떻게 너저분하게 하고 다녔기에 아이들이 이런 짓을 벌여? 나는 네가 나와 그랬듯 아이들과도 같은 짓을 했으리라 상상했다. 너에게 복수를 할 차례였지. 무슨 일이 일어났는지 난 너에게 묻지 않았다. 너를 위로하지도 않았고 네 편을 들어주지도 않았어.

그날 밤 나는 네 침대로 갔다. 간단한 교정으로 모든 것을 원상태로 되돌리려 했던 걸까? 몇 마디 말로 달래고 부드럽게 쓰다듬는 것으로 전부 되돌릴 수 있다고 생각한 것일까? 마술적 사고*라도 염두에 두었던 걸까? 나는 섬세한 도자기 찻잔을 100만 개의 파편으로 산산조각 낸 셈이었고, 예전의 달콤함과 매혹은 다시 완전한 상태로 돌아오지 않았다. 방에 들어서자마자 공기 중에 떠도는 독기 같은 것이 느

* magical thinking. 생각으로 현실에 영향을 미칠 수 있다는 강박.

껴지더구나. 너는 마치 벽에 달라붙은 듯 옆으로 누워 있었어. 그림자 인간이 네 몸을 건드리고 이쪽으로 돌아눕히려 했지만, 너는 그저 시체처럼 차갑고 딱딱했다. 그림자 인간조차도 어쩔 수 없어 멈추고 말았지. 그는 마치 공포에 질린 강아지를 다루는 주인처럼 너를 흔들고 손가락으로 찔러보며 말했어. "몸 좀 돌려봐, 에비. 이쪽을 좀 봐. 일어나 나 좀 보라고." 하지만 너는 꼼짝도 하지 않았어. 숨을 쉬지도, 움직이지도 않았지. 그 작은 몸에 온기라곤 없었지. 마치 너 스스로 네 몸을 떠나 어딘가에 있는 다른 가족을 찾아간 것 같았어. 나를 떠나 다시는 돌아오지 않을 것만 같더구나. "에비, 일어나서 이쪽을 좀 봐. 정신 차려. 아빠가 여기 있잖니." 하지만 숨소리도, 움직임도, 그 어떤 소리조차 없었어. 정말로 죽은 것이었을까? 먹잇감이 되지 않도록 스스로를 보호하는 주머니쥐처럼 너 자신을 가사假死 상태로 몰고 간 것이었을까?

구역질 나는 두려움이 느껴지더구나. 내가 그랬어. 내가 널 죽였다. 가장 사랑하는 존재이자 내게 생명을 준 존재의 영혼을 살해했던 거야. 내가 그 아이의 몸을 범했고 신뢰를 배신했어. 가장 찬란하게 불을 밝히던 양초의 불타는 심지를 잘라냈다. 무릎을 꿇고 울부짖으며 용서를 빌고 싶었다. 난 너를 잡고 흔들었지. 흔들면 네가 예전처럼 돌아올 것처럼, 그렇게 흔들고 또 흔들었어. "일어나, 에비, 일어나." 아무리 흔들어도 너의 몸은 단단하고 뻣뻣하기만 했지. 난 점점 더 세게 너를 흔들었어.

곧 네가 눈을 뜨더구나. 눈을 깜빡이지도, 내 쪽을 바라보지도 않았어. 멍한 눈이 마치 다른 세계로 떨어져버린 것 같았지. 가장 깊은 비밀을 품은 세계. 상처 받은 마음을 담아놓은 세계. 결코 내가 초대받을 수 없는 세계. 나는 너를 잃었어. 나는 영혼의 살인자였다.

그림자 인간은 많은 짓을 저질렀지만 시간증*은 없었어.

* 시체에 성욕을 느끼는 이상 성욕의 한 증상.

그가 밤에 너의 방을 찾아간 것은 그때가 마지막이었다. 네가 스스로를 죽은 자로 여겼기에, 그는 더 이상 네게서 생명을 얻어 갈 수 없었지. 하지만 그렇다고 그가 분노를 멈추거나 복수심을 누른 것은 아니었어.

며칠 뒤, 너는 머리칼을 잘랐다. 마구 잘라내서 엉망으로 만들어버렸지. 이어 드레스 입기를 거부했어. 넌 마치 남자애처럼 옷을 입었다. 하룻밤 사이에 사람이 변해버린 거야. 너는 반항했고 고집을 부렸지. 모든 질문에 대한 너의 대답은 무례한 한마디, "싫어"뿐이었어. 절대로 웃지 않았고, 가족들에게 너를 '이브'라고 부르라고 요구했지. 내가 부르던 '에비'라는 애칭에는 대꾸도 없었다. 도움을 청하지 않았고, 무엇이 필요하다고 표현하지도 않았어. 아무도 너의 세계에 들이지 않았지.

너의 얼굴은 아름다움을 잃어갔다. 입술은 오므리고, 뺨과 이마는 늘 찌푸린 채였어. 자주 쓰러졌지만 몸을 똑바로 세우지 않았지. 밥 먹는 모습은 끔찍했다. 한때는 반짝였던 갈색 눈이 이제는 자기 연민과 슬픔으로 가득한 진흙탕으로 변해 있었지. 네게 남은 머리칼도 예전의 윤기를 잃었어. 너는 시시하고 불안하고 성가신 아이가 되어갔다.

그래서 나는 너를 경멸했다. 내게 살해된 희생자가 내 집에서 지내며, 아직 어린 자신의 존재가 분해되고 부패하는 과정을 매일 목격하게 함으로써 나를 고문했으니까. 내 비열한 행동의 결과를 마주하도록 강요했으니까. 참을 수 없는 일이었다. 끔찍한 광기였지. 나의 에비는 어디로 사라졌을까? 나의 달콤한 파이는 어디에 가버린 걸까? 물론 나는 그 답을 알고 있었다. 아이의 신뢰, 아이의 빛, 아이의 선함, 아이의 아름다움은 나에게 너무 과분한 것이었고, 그래서 내 손으로 그 모든 것과 더불어 너를 유린하고, 침범하고, 때려 쓰러뜨린 거야. 너에게, 상처로 쓰라린 그 창조물에게 나는 혐오감을 표현했고 모든 일에 너를 탓했다. 내 사랑을 거두어버렸다. 그래, 그렇게 너에게서 나의 사랑을 거두었단다. 그리고 다시 돌려주지 않았지. 그 후로 나는 너를 상처 입히기 위해 살았어. 네가 감당할 수 없는 상처를 지니고 있다는 이유로 다시금 상처를 주었다. 이렇게 처벌과 폭력과 공포의 통치 기간이 시작되었지.

그날이, 그 시작이 생생히 기억나는구나. 막 열 살이 된 네가 방에 서 있었지. 내가 몇 번이나 입지 말라고 했던 더러운 티셔츠를 입은 채 구부정하게 서 있었어. 친구 주디의 집에서 하룻밤 자고 오면 안 되냐고 묻고 있었다. 꿀을 바른 듯 달콤한 태도가 네 간절함을 숨겨주길 바라는 듯 거짓 상냥함을 꾸며내더구나. 나는 안 된다고 했다. 네가 부탁하기 무섭게 그랬지. 왜 그랬는지는 모르겠다. 아마도 네가 너무도 간절하게 원하기 때문이었을 거야. 네가 감히 자율권을 들고 나섰기 때문에. 아마도 내가 너를 더 이상 좋아하지 않았고, 그 무엇으로도 너에게 보상할 생각이 없었기 때문이었을 것이다.

네 눈살이 찌푸려지더니 화난 표정이 떠오르더구나. 내 대답이 마음에 들지 않았던 거지. "내가 말을 할 땐 좀 웃어. 너한테 뭐라고 대답해주면 웃으라고." 내가 말했지만 넌 웃지 않은 채 내게 대꾸했어. "왜 안 돼요? 주디는 바로 길 저편에 살고, 오늘은 학교 수업도 없어요. 우리끼리 계획까지 다 세워뒀다고요." 버릇없는 녀석 같으니. 감히 내 권위에 도전해? "이건 옳지 않아요, 아빠. 대체 왜 안 되는데요?" "내가 안 된다고 했으니까, 이브. 그거면 충분해. 너에게 설명할 필요를 못 느끼겠다." 그러곤 다시 웃으라고 했지. 너는 웃지 않았다. 경멸에 가득한 얼굴로 나를 빤히 쳐다볼 뿐이었어. "한 번 더 기회를 주지." 난 분노가 치솟아 얼굴이 활활 타오르는 기분이었어. 너는 시간을 끌며 천천히 나를 한계점까지 몰아갔지. 그러다가 고개를 돌리며 할 수 있는 가장 무례한 태도로 히죽거리며 내 말을 거부하고 비웃듯 경멸의 미소를 지었어.

그러자 그림자 인간이 순식간에 기어 나와 손을 들더니 순종이라고는 찾아볼 수 없는 너의 얼굴을 힘껏 내갈겼다. 네 몸 전체가 방을 가로질러 날아가 벽에 부딪치더니 조악한 봉제 인형처럼 쿵 소리를 내며 마루 위 카펫으로 떨어졌지. 너는 눈물과 충격 사이로, 가장 아픈 미소를 지어 보였어. 마치 나사가 빠진 로봇 인형처럼 웃고 또 웃었지. 도무지 멈추지를 않더구나. 너는 더 이상 거기 없었다. 에비를 완전히 대체한 새로운 이브, 대담해진 유령이 네 역할을 하고 있는 것 같았다. 그림자 인간 대 그림자 이브. 그렇게 전쟁이 시작되었지.

네 엄마는 할 말을 잃었지만, 이상하게도 그 일에 개입하려 하지 않았어. 내게 씌워진 주문이 풀려 내가 너를 부정하고 자신에게 돌아오는 그 순간을 오랫동안 기다리고 갈망해왔던 것은 아닐까 하는 생각이 들더구나. 가족 모두가 안도의 한숨을 내쉰 순간이었지. 꼬마 에비를 향한 나의 과도한 사랑과 헌신이 공식적으로 수명을 다하는 드라마틱하고도 잔인한 순간을 이들은 가장 앞자리에서 지켜보았단다.

몇 년에 걸친 박탈과 무시의 세월을 보내고, 마침내 나의 고귀한 군대에 합류하게 된 가족들은 더할 나위 없이 기뻐했다. 이제 적은 그들의 남편과 아버지가 아닌 이브였지. 모두 온 마음으로 나를 지지했고, 매일같이 형벌의 구실을 제공해주며 너의 영원한 유배를 공고히 했어. 그날 너는 천국 밖으로 내쫓긴 셈이었다. 한때 가장 높은 곳에 섰던 너는 지붕에서 내던져져 진흙 속으로 떨어졌지. 녹아내리는 내 마음의 중심을 차지하던 너는 그렇게 연옥으로 밀려나고 말았다.

이런 이야기를 하다 보니, 그때 네가 어떤 심정이었을지 처음으로 깨닫게 된 내 마음은 지금 두려움과 후회뿐이다. 그 충격. 그 불신. 극도의 외로움. 추방된 채로, 한때 세상 전부라 여겨지던 너는 단 한 번의 폭력적인 주먹질로 인해 아무것도 아닌 존재로 지워져버렸지. 고작 열 살이었던 네가 어떻게 이런 일을 감당했을까? 내가 모두를 너의 적으로 돌려놓은 상황에서 넌 대체 누구에게 도움을 청할 수 있었을까? 모든 기만과 악행의 장본인으로 몰리는 상황에서 어떻게 제정신을 지킬 수 있었을까? 희생양이 되어 오명을 뒤집어쓴 너는, 아버지의 죄악으로 타락한 소녀가 되어버렸다. 몸서리치는 네 모습이 보이는 것 같구나. 쉽지 않을 거라고 이미 경고했잖니.

/

위로가 될지 모르겠지만, 너에 대한 애정을 죽여 없애는 일은 결국 나 자신을 죽여 없애는 일이었어. 씁쓸하고 혐오스러운 것들이 내 안에서 점점 몸집을 키워갔지. 나는 점점 더 우울해졌고 늘 낙담에 빠져 지냈다. 조절이 불가능할 정도로 술을 마셔댔어. 60대에 들어서면서 매력 역시 빛을 다했고, 나의 조급함과 오만함과 옹졸함은 주변을 위축시켰다. 우리는 점점 더 고립되어갔고, 네 엄마는 나를 되찾았지만 실은 괴물을 받아들인 셈이었지.

나의 행동이 나 자신에게 어떤 영향을 주었는지는 네 관심사가 아니라는 거 안다(매번 너를 때릴 때마다 너보다 내가 더 아프다고 말했던 것도 네겐 정말 고통스러운 기억으로 남아 있겠지). 하지만 어떻게든 정의가 존재한다는 사실을 알아줬으면 싶구나. 이 고통스러운 영역에 머물면서 내가 배운 것이 있다면, 우리가 다른 사람에게 입힌 상처는 열 배가 되어 자신에게 되돌아온다는 점이야.

사람을 망가뜨리는 기술이라면 난 충분히 연습해왔고, 넘치는 지식을 갖춘 상태였지. 나 자신이 이미 어린 시절부터 망가졌고, 스스로에게서 단절되었고, 손쓸 수 없을 정도로 허세 가득한 페르소나를 갖게 되었잖니. 나의 부모가 나더러 전능한 신왕神王이 되기를 요구하며 내게서 유약함과 공감, 겸손, 인간성 혹은 의문 비슷한 것은 모조리 없애버렸잖니. 꾸짖고 매질을 해서 아이의 고집과 사악함을 없애는 것이 바로 부모의 역할이라는 엄격한 독일식 교육 방식으로 나를 키웠잖니. 불복종은 부모에 대한 선전포고나 마찬가지니 아이가 고집을 부리면 때려서 가르쳐야 한다고 말이야.

내겐 이런 교육의 자취가 깊이 새겨져 있었고, 형 밀턴에게 시달리던 고통스러웠던 시기는 내게 또 다른 수단을 일깨워주었지. 아, 이제야 그것이 보이는구나. 그때는 알지 못했어. 난 내 부모와 형으로부터 경험한 폭력과 잔인성을 부정하면서 네게 점점 더 심하고 파괴적인 폭력을 가하고 있었던 거야. 여기에 더해 부가적인 임무도 자리하고 있었지. 너를 더 순종적이고 조용하게 만들어 우리의 비밀을 폭로하지 못하게 해야 한다는 것. 그렇게 나는 의로운 고문자가 되었다.

너의 성격을 파괴하고 의지를 꺾기 위해 난 매일같이 노력했다. 너에게서 온갖 잘못과 실패와 실수를 찾아냈지. 이런 일에 뛰어난 나는 네가 지닌 약점을 금세 파고들었어. 예를 들어, 나는 네가 무척이나 도덕적인 아이라는 사실을 알고 있었다. 너는 간절히 원하는 것이라 해도 무엇이든 다른 사람과 나누었지. 그리고 무조건적이며 절대적인 충성심을 지니고 있었다. 네 상황에 도움이 되리라는 걸 알면서도 오빠와 여동생에게 비밀을 이야기하지 않았어. 난 네가 누군가에게 반항하도록 놔둔 적이 없었다. 그러니 고분고분 말을 듣는 것이 너에게 얼마나 중요한지 알고 있었어. 어떤 면에서는 네 인생에서 가장 중요한 일이었지. 그렇게 너를 나쁘고 잘못된 아이로 만들었다. 너를 불안하게 만들었어. 대신 나 자신의 권위를 유지했다. 나는 가족사를 낱낱이 통제할 수 있었고, 죽을 때까지 그랬지.

나 때문에 넌 실제의 너와 전혀 다른 모습을 너 자신이라고 믿게 됐다. 난 우선 네가 스스로를 거짓말쟁이라고 생각하게 만들었어. 아이러니하게도 너는 극도로 정직한 아이였지. 하지만 나의 공포스럽고 잔인한 행동이 계속되자 너는 더 이상 내게 진실을 이야기하지 못했고, 그렇게 네가 거짓말을 할 때마다 그것은 내게 증거이자 정보가 되었다. 왜 정직함이 내게 그토록 중요했을까? 나는 왜 정직함에 그토록 집착했을까? 수년에 걸쳐 되새겨본 지금, 답은 너무나 명백했다. 스스로의 존재가 거짓에 의해 형성되었을 땐, 권력과 이중성의 학교에서 배운 전술을 이용해야 하는 법이지. 전세를 역전시켜라. 네 거짓말의 희생자를 거짓말쟁이로 만들어라. 이 일에 모든 노력을 기울여 끊임없이 이야기를 꾸며내고, 부단하고 성실하게 이를 되풀이해 결국 스스로와 주변 사람 모두 진짜 거짓이 무엇인지 잊도록, 진실을 추구할 동력과 용기를 잃도록 만들어라. 역사에 수도 없이 나오던 이야기지. 권력 있는 사람이 거짓을 만들고 포장해 몰고 가면, 그 거짓은 영원성을 얻게 된단다.

물론 거짓말을 되풀이하는 것만으로는 그 이야기를 견고하게 만들고 영속성을 보장하기에 충분하지 않아. 이건 훨씬 광범위한 프로젝트지. 거짓말을 둘러싼 모든 환경까지 조종해야 해. 자기 자신이나 상대를 믿을 능력을 갖춘 공동체(의도했건 아니건 진실을 알고 있는 사람들의 유대)를 무너뜨려야 하지. 그들 자신의 어리석음과 불신의 요소를 꾸준히,

또 틀림없이 확신시켜야 한다. 이를 위해 나는 엄청난 에너지와 시간을 들여가며 노력했어. 그 노력에 있어 가장 무서운 점은, 네 엄마와 널 구슬리면서 내가 실제로 널 바보로 만들었다는 사실이야. 나는 정말이지 너를 멍청한 아이로 만들었다. 이는 물론 나로 하여금 너를 더 경멸하게 만들 뿐이었지.

신뢰란 형태가 없는 동시에 특정한 형태를 갖고 있단다. 확신, 자신감, 고요함 같은 무형의 자질이 그 안에 스며들어 있지. 맞아 쓰러졌던 경험이 있고 스스로 무가치한 바보라고 느끼도록 강요받았던 사람들은 절대 그런 확신과 침착함을 풍길 수가 없어. 그들은 필사적이기에 필사적으로 보인다. 아무도 그들의 이야기를 믿지 않았기에 감정 과잉, 과장, 허세 같은 극단적인 수단에 의지하게 되지. 그들은 더 큰 소리로 이야기하고, 손을 흔들어대며, 히스테리를 부리기도 해. 이브, 넌 사실을 꾸며내고 과장하곤 했어. 언젠가 나에게 이렇게 말했지. "아빠, 나도 운전해서 학교 가고 싶어요. 우리 반 모든 아이가 차를 운전해요."

난 이렇게 되물었어. "모두라고? 정말 모두가 그렇다는 거니?" 그러자 너는 대답했다. "네, 모든 아이가 그래요." "좋아, 그러면 가서 아이들 이름을 다 적어 와. 그 모든 아이를 보여줘." 어느 순간부터 너는 고개를 떨구고 있었어. 그렇게 사건은 정리된 셈이었지. 기소된 대로 유죄.

악순환, 내가 이어간 악순환이었다. 이렇게 되면 사람들은 누군가를 믿지 못하게 돼. 자신의 이야기를 증명하기 위해 극단으로 치닫지. 과장과 허풍은 그들에 대한 신뢰를 지워버리고, 결국 시간이 흐르면서 그는 주위의 다른 사람들처럼 자기 자신을 의심하게 되는 거야. 이브, 가족 모두가 너를 무시했다. 너는 거의 혹은 아예 근거가 없는 거창한 선언을 하는가 하면 거의 모든 것에 대해 상상이나 다름없는 과장을 해댔고, 그 모든 부조리한 이야기를 극단적인 감정으로 표현했지. 내 프로젝트가 저절로 완성된 셈이었어. 너는 신뢰할 수 없는 사람, 믿을 수 없는 사람이 되어버렸다.

내 술책이 너 자신의 진지함과 지성에 대한 확신을 어떻게 망쳐버렸는지 이제서야 알겠구나. 주목받거나 신뢰를 얻기 위해 과장된 행위에 의지할 필요가 없었던 다른 사람들을 대면할 때마다 너 자신이 정말로 어리석다는 괴로움과 허탈함에 시달려왔다는 것도 알고 있다.

네 엄마에게는 일이 보다 까다로웠다. 네 엄마의 경우, 어리석어 보이게 해야 했지만 지나치게 어리석어 보이게 하면 안 되었지. 그렇지 않으면 나의 권위에 대한 네 엄마의 충성심마저 그 정당성을 의심받을 테니까. 네 엄마의 지성을 공격할 땐 보다 미묘하게, 덜 두드러지게, 신중하게 절제해야 했다. 완벽한 지배를 확인하고 완전한 의존을 불러오기에 충분하되, 자기 혼자서는 무엇도 결정할 수 없다고 느낄 정도로 심각해서는 안 될 정도로.

이 모든 것이 내가 의식적으로 조종해 유도한 일인지 넌 궁금했겠지. 이런 사악함을 내가 정말 교묘히 조종하고 설계한 것일까? 명쾌하게 대답할 수가 없구나.

여기서 거짓말을 하지는 않겠다. 이브, 나는 너를 경멸했어. 네가 내 생명을 빼앗아 갔으니까. 내 심장을 열어 신선한 피에 의존하게 만들어놓고는 내 동맥을 잘라버렸으니까. 나는 물에 빠져 허우적대는 특권층 남성이었다. 내가 악마 같은 일을 저지르고 있다는 것을 그때 스스로 알았을까? 내가 끔찍한 짓을 하고 있다는 도덕관념이 내면에 자리하고 있었을까? 아마 최악의 분노 속에서 가장 폭력적으로 널 공격했을 때, 피가 흐르는 네 얼굴과 다리에 든 멍, 네 눈에 담긴 공포를 바라보는 순간 잠시 움찔했다 하더라도, 내 행위에 대한 정당화가 늘 나의 죄의식과 자기 의심을 앞섰을 거야.

/

나는 불안했다. 분노에 차 있었다. 우울함을 느꼈다. 그래서 술을 그토록 많이 마셨지. 회사를 책임져야 한다는 부담감과 실존적인 절망 탓으로 돌리긴 했지만, 실은 아버지와 형에게서 본 그 소름 끼치는 면모가 나에게도 있을지 모른다는 생각에 마음 깊은 곳 어딘가에 나의 림보를 만들고 있었던 것이 아닌가 하는 생각이 드는구나. 특권과 지위를 가지고 인생을 누리는 사람에게 자기 인식이 무슨 필요가 있었겠니? 특정한 패러다임 속에서 태어나 키워졌다면, 어떻게 그 밖의 세상을 바라볼 수 있겠니?

그렇게 주입되어왔다 해도 어떤 사람은 이를 변혁할 동기를 찾으려 한다고 넌 말하고 싶겠지. 내면에 자리한 나침반이 그들에게 잘못된 방향으로 가고 있다는 신호를 보내고, 그래서 그들은 경로를 바꾼다고. 하지만 나는 그런 사람을 만나본 적이 없다. 보통 변화란 박탈이나 재앙(사람을 위기로 몰아가 무너뜨리는 어떤 일이나 일련의 사건 말이다)에 의해 촉발되는 법이야. 나는 다른 사람 앞에서 스스로에 대해 의문을 표현하는 사람을 본 적이 없다. 누구도 자신의 패배나 자기 의심을 인정하지 않을 거야. 말했다시피, 지위에 대한 나의 의지는 강력하며 흔들림이 없었다. 지나치게 비대해진 자만심이 다가오는 모든 대상을 격퇴해버리곤 했지. 내가 해야 한다고 느꼈던 그 어떤 일이 사실은 잘못된 것이라는 생각은 전혀 들지 않았어.

어린 시절에 안정감보다는 상승 욕구로 가득 차 있었기 때문인지, 나의 자기애는 다른 사람을 보살피는 능력을 훨씬 넘어서 있었다.

나는 비정한 괴물이었을까? 아니면 상처를 입어 복수심으로 가득한 심장을 지닌 남자였을까? 이 둘 사이에 차이가 있을까? 그 차이가 중요할까? 내가 너에게 잔인하게 굴었던 건 고통을 주기 위해서가 아니었어. 나는 그림자 인간의 존재를 인식하고 있었을까? 난 그저 그의 잔인성을 목격한 증인이 아니었을까? 그를 저지할 수는 없었을까? 나는 사이코패스였나? 그랬으면 오히려 출구를 찾기 쉬웠을 텐데.

아니, 내 정신은 온전했어. 나는 특권을 누리는 고압적인 남성이었다. 세상을 넘어선 곳, 세간의 평가와 책망을 넘어선 곳에 살고 있었지. 나는 무슨 수를 써서라도 무언가를 조종하고 승리를 거두도록 프로그래밍 되어 있었어. 너는 나의 아이였다. 나의 소유물이었지. 그러니 내가 시키는 대로 행동해야 했어. 그러지 않을 때 규율과 처벌을 실행하는 것이 나의 책임이었다. 바로 내가 키워진 방식처럼 말이다. 나는 내가 겪은 대로 너를 다루고 있었어. 내가 배운 대로 하는 것뿐이었지.

하지만 또 다른, 훨씬 더 사악한 진실이 있단다. 네가 다섯 살 때 죄의 경계를 넘어 내게 찾아왔던 그림자 인간이 이번엔 나를 지옥으로 이끌고 있었어. 물론 내가 그렇게 자란 탓에 폭력적인 처벌에 거리낌이 없었던 건 사실이지만, 이건 훨씬 더 끔찍한 일이었지. 고백하기조차 힘든 일이야. 지금 이 순간 T. S. 엘리엇의 시가 이상할 정도로 내 마음을 사로잡는구나. 내가 너에게 자주 읊어주곤 했던 고양이에 관한 시 말이야. 이 시의 한 부분이 다른 모든 것을 막아버린 채 계속 머릿속에서 울리고 있어.

고양이 이름 짓기는 어려운 문제,

재미 삼아 할 수 있는 쉬운 일이 아니랍니다.

처음엔 정신 나간 소리로 들리겠지만

고양이에겐 반드시 세 개의 다른 이름이 필요하답니다.

이 시로 얘기를 시작하다니, 넌 이상하다고 생각하겠지. 하지만 그렇지 않아. 너는 열여섯 살이었고, 고양이를 키우고 있었지. 너는 그 고양이를 끔찍이 사랑했어. 좀 이상한 고양이었지만 너를 행복하게 해주었던 건 틀림없다. 동물에 별 관심이 없던 나도, 너의 광범위하고도 창조적인 관찰력을 통해 회색과 흰색이 섞인 이 줄무늬 고양이가 주는 경탄과 엉뚱함을 목격하게 되었어. 이 고양이는 이름도 특이했지. 백핸드Backhand였던가. 우리가 벌이던 전쟁의 와중에, 난 이 변덕스러운 고양이 덕에 스스로도 놀랍고 재미있는 경험을 했어. 밤이면 백핸드는 온풍기 속으로 들어갔고, 난 나무통 너머 들리는 고양이의 골골대는 소리에 당혹감과 즐거움을 느꼈지. 네가 없을 때면 나는 평소에는 가지 않던 부엌으로 살금살금 들어가 고양이에게 짭짤한 청어를 먹이기도 했다. 조용히 속삭이면 고양이는 나에게 다가와 몸을 비벼대고 나를 따라 이 방 저 방을 오갔어. 고양이가 얼마나 나를 즐겁게 하는지 그 마음을 도무지 감출 수가 없더구나. 집에 돌아와 고양이가 내 무릎에 몸을 둥글게 말고 가르랑거리는 모습을 보며 너는 깜짝 놀라곤 했지.

고양이를 사랑하는 나의 모습에 가족들은 즐거워했다. 한때 너와 함께할 때를 제외하곤 내가 누군가와 장난을 치거나 부드럽게 구는 것을 보지 못했으니까. 네가 그토록 사랑하는 이 털 뭉치 생명체를 내가 소중하게 여기게 되었다는 사실이 너에게 얼마나 중요한 의미였는지 알고 있어. 백핸드는 우리 부드러움의 저장소, 우리 사이에 존재했으나 더는 표현할 수 없는 그 무언가의 자투리이자 보고寶庫였지. 맥이 뛰는 이 부드러운 생물은 상실과 갈망의 구현이었어.

그러다 생각지도 못한 일이 일어났다. 친구와 오후 시간을 보내느라 네가 집에 없을 때였어. 문득 자동차 타이어가 미끄러지는 소리와 함께 집 밖에서 작은 소란이 일어난 것 같았지. 밖으로 달려 나간 네 엄마가 본 것은, 놀랍게도 길 한가운데 축 늘어져 미동도 없는 백핸드였다. 나는 이성을 잃고 아무 생각 없이 백핸드에게 달려갔다. 고양이는 온몸이 피투성이에 여기저기 상처를 입었지만 아직 숨이 붙어 있는 것 같더구나. 네가 차를 몰고 도착한 것이 그때였다. 차에서 내려 달려와 무슨 일이 벌어졌는지 살피던 너는 몸을 축 늘어뜨린 채 내 팔 안에서 꼼짝도 하지 않는 백핸드를 보는 순간 날카로운 고함을 내질렀지. 내 방어선의 견고한 벽을 뚫고 그 날카로운 비명이 울려 퍼졌다. 나는 울고 있는 나 자신을 발견했어. 눈물이 뺨을 타고 흘러내렸지. 교통사고를 당해 내 품에 누워 있는 연약한 생명을 향한 안타까움의 눈물이. 너를 함부로 대했던 지난 모든 일에 대한 눈물이. 상실감과 나의 부주의함에 대한, 이 놀랍고도 유일한 너의 선물을 제대로 보살피지 못해 파괴해버린 것에 대한 후회의 눈물이. 위안이 사라진 너의 사무치는 슬픔과 겨룰 만한 눈물이었다. 너의 동반자이자 다정한 친구였던, 하지만 이제 상처 입고 죽음의 문턱에 다다른 고양이를 향한 눈물이었어.

그리고 너 또한 나의 눈물을 보았다. 눈물을 너에게 감출 수가 없더구나. 내 모습이 오히려 너를 더 울게 만들었지만, 그 순간 너는 혼자가 아니었어. 내가 너와 함께 울고 있었으니까. 난 너의 고통을 느낄 수 있었고, 그 고통은 나의 것이기도 했지. 상처로 흐느적거리는 내 마음에 아마 처음이자 마지막으로 창문이 열리던 순간이었을 거야. 이브, 그곳에서 너는 너 자신을 발견했다. 이후 다시는 열리지 않았지만, 이 창문은 또 다른 이야기의 부정할 수 없는 증거였지. 이 기억이 줄곧 너와 함께했다는 걸 알고 있단다.

백핸드는 죽지 않았어. 방광을 크게 다쳤지만 소변 보는 법도 다시 배웠지. 턱이 부러져 철사로 고정하는 바람에 백핸드의 얼굴은 변했어. 사랑스럽고 천진했던 얼굴이 뒤틀리고 일그러졌다. 웃음은 찡그림으로 바뀌어버렸지. 나의 이브처럼, 폭력이 백핸드의 모든 모습에 흉터를 남겼어. 또 맹렬하고 제지할 수 없는 나의 딸과 마찬가지로, 백핸드는 목숨이 아홉 개였다. 살고자 하는 의지가 아름다움에 의존하려는 마음을 넘어선 거야. 나 자신을 되짚어보고 고백하는 가장 힘든 순간에 왜 이 사건이 떠오르는 걸까? 틀림없이 너로선 혼란스럽고 이상하게 여겨질 테지.

/

편지를 쓰는 게 결코 쉬운 일은 아니구나. 모든 고백에는 용기와 정확성이 필요하고, 그러니 성가신 의도는 벗겨내야 하는 법이지. 도덕적 성찰이라는 무기력하고 단련되지 않은 근육을 사용하도록 강요하는 일은 내 정신적 능력을 넘어서도록 밀어붙이는 일이야. 내 인생에는 자기 인식이라는 것이 없었다. 행위의 이유를 살펴야 할 동기도 흥미도 없었지. 내게 가장 부끄러운 것이 바로 이런 오만함과 우월감, 자부심이었어. 이런 요소들 없이 과연 내가 존재할 수 있을지 상상하기 어려울 정도로, 그것들은 내 본성이 되고 말았다.

그것들이 없다면 어떻게 남자라 할 수 있을까? 맙소사, 죽어서도 남자가 된다는 것을 걱정하고 있다니! 여기, 아무도 없는 림보에서조차 나 자신을 증명하려 들다니. 아마도 신에게 나를 증명하려는 것이겠지. 신에게 내가 무너지지 않았음을 보여주려고. 영원한 고통을 눈앞에 두고도 난 이 자만심을 버리지 못할 거야.

너는 내게 남자가 된다는 것의 본질적인 의미가 무엇인지 의문을 가지라고 요구하는구나. 패배를 초래할지도 모르지만 연습을 해보라고 말이야.

아이러니하게도 나는 이미 길을 잃고 헤메고 있었다. 하지만 인간의 마음은 짐승 우리를 숨긴 매혹적인 미로와도 같지. 만일 이 모든 특권을 잃는다면 나라는 존재는 해체되고 말 거라는 이상한 생각이 나를 사로잡는구나. 이미 나는 존재하지 않는데도 말이야.

나는 감정을 조절하고 억누르는 남자를 칭송하던 시대에 자랐어. 견고함을 지닌 남자, 모든 해결책을 알고 있는 남자가 칭송받던 시대였지. 그들은 결코 사과하는 법이 없었다. 질문하지도, 설명하지도 않았어. 속셈을 드러내지도 않았지. 그들은 말하지 않았어. 그들의 침묵은 힘과 정력의 상징이었다. 세상사에 통달해 확고한 신념과 결단으로 이끌어가기를 기대받았어. 남자의 존재 이유는 자신의 지위를 유지하는 것이었다.

이상하게 들리겠지만, 죽어서도, 육신이 없고 분명한 자아가 없는 상태에서도, 나의 일부분은 이런 정체성을 포기하느니 차라리 고통스러운 림보에서 영원을 맞닥뜨리려 하는구나.

다른 어떤 틀을 통해 내 존재를 설명할 수 있을까? 다른 어떤 경계, 어떤 구분이 내게 가치나 의미를 부여할까?

이 편지를 쓰면서, 이런 정체성의 틀이 너와 다른 이들에게 큰 해악을 끼쳤다는 것이, 또 내가 이 끝없는 운명의 굴레에 잡혀 있는 것 역시 바로 그 때문이라는 사실이 분명해지는 것 같다. 남성다움에 대한 이런 관념에는 커다란 문제가 있단다. 이를 유지하기 위해서는 엄청난 폭력이 필요하거든. 그게 무엇이든 다른 대상을 파괴할 필요에 근거를 두는 구조는 옳지 않으며, 오래갈 수도 없어. 하지만 그것을 분석적으로 이해하는 것과 그것을 포기하는 것은 완전히 다른 차원의 문제야. 자아를 제거하라고 요구받는 것과 마찬가지지. 이런 가부장적인 청사진이 자아와 초자아, 욕망과 같은 남성의 기본적인 심리적 개요 속에 이식되어 있으니 말이다.

이를 해체하는 유일한 방법은, 아마도 네가 나에게 요청한 그것뿐이었을 거야. 가해행위의 정확한 본질을 조사하는 것, 나의 행위가 너에게 어떤 영향을 주었는지 나 스스로 밝히는 것, 이 훈련이 빚어내는 연금술이 나를 더 진실하게 만들고, 그로써 너를 자유롭게 해주리라 믿는 것. 그래서 이

마지막 증언을 난 너무나 오랫동안 피해왔다. 글로 옮기려니 기만적이고 혹독한 느낌이 드는구나. 어떻게 해도 되돌릴 수 없겠지. 그 아래 자리한 곤경이 악마처럼 나를 좀먹고 쉬지 못하게 다그치는구나. 네가 십 대 무렵, 내가 너를 죽일 뻔한 일이 있었지? 내가 의식적으로 저지른 일일까? 내가 아는 한, 네가 나로 인해 목숨을 잃을 뻔한 일은 한두 번이 아니었다. 끔찍했던 첫 번째 사건 이후에도 나는 그만두지 않았지. 매번 새롭게 언쟁을 벌일 때마다 점점 더 위험한 사람이 되어갔다. 그림자 인간에게는 술이 연료였고, 나는 음주를 그만두지 못했다. 너의 안전에 대한 두려움은 결코 방해 요소가 되지 않았지. 사실 네가 나를 자극할 때마다 나는 늘 너를 탓했고, 내 행동의 책임이 모두 너에게 있다고 믿었다.

숨을 쉬기가 힘들구나. 신이시여, 차라리 날 지옥으로 데려가시길!

이브, 나는 네가 죽기를 바랐다. 너를 살해하기 위해 몇 번이나 시도했어. 내가 이미 망가뜨린 것을 죽이려 한 셈이지. 내가 저지른 일의 증거를 지워야 했으니까. 너 역시 직감으로 나의 의도를 느끼고 있었다. 하지만 제정신으로 있으려면 그런 사실을 부정해야 했지. 의식적이건 아니건, 자기 아버지가 자신을 죽이려 한다는 사실을 어떻게 받아들일 수 있겠니? 이런 부인否認의 행위는 이후 너로 하여금 가장 폭력적이고 상처 입히는 대상에 맹목적으로 이끌리는 습성을 만들어내고 말았어. 너무 익숙해져서인지 넌 더 이상 고통의 기미를 읽어내지 못하게 되었고, 인생에 걸쳐 몇 번이나 반복해서 스스로를 위험으로 몰아갔다. 마치 언젠가 이런 것들을 이겨낼 만큼 강해지기를 바라며 스스로에게 고통을 주는 사람과 상황을 일부러 찾아다니는 것 같았지. 더욱 무서운 것은, 네가 성적인 쾌락마저도 이러한 위험 없이는 느끼지 못하게 될 수 있다는 사실이었다.

나는 네가 스스로를 학대하도록 만들었다.

네가 십 대 초반에 자살을 시도했던 건, 아마 스스로를 살

해함으로써 끝없는 공포와 두려움에서 벗어나고 싶었기 때문이었던 것 같구나. 여전히 나를 괴롭히는 몇 가지 사건이 있다. 구체적이고 고통스러운 회상이 네 기억을 확인시켜주리라는 바람으로 각각의 사건을 조금 자세하게 설명해야겠다. 나의 흉포함과 잔인성을 투명하게 보여주기 위해 그것들을 너와 공유하려는 거야. 내 끝없는 고문의 계획을 밝히기 위해서 말이다. 이브, 다 내 잘못이야. 나는 이처럼 잔혹했구나. 이렇게 심할 정도로 겁쟁이였구나.

나는 어린 여자아이를, 내 몸집의 반만 한 아이를 때렸다. 손과 주먹을 휘둘렀고, 벨트를 채찍처럼 내려쳤어. 자비 없이 너를 몰아붙이며 온갖 심한 욕을 해댔지. 네 존재와 육체의 모든 것을 모욕했다. 너에게 수치를 주고 너를 소멸시켜버리고 싶었어. 난 한계를 모르는 듯 온갖 방법을 동원했다. 네가 감히 고함을 치거나 빌거나 울면, 너를 협박하며 망신을 주고 네 존재를 부정했어. 네 분노나 공포, 고통의 출구를 부정했지. 분노가 네 안에서 곪아 자리 잡기를 바랐던 거야. 그것이 네게 내 흔적을 새기는 방식이었다. 굴을 파고 들어가 독을 남겨놓는 것 말이다.

15년 내내, 이곳에서는 내 행동으로 인한 끔찍한 사건들이 끊임없이 재상영되며 수그러들지 않는 순환을 되풀이하고 있어. 한 장면씩 빠르게 넘어가는 초창기 영화 같은 사건과 그 대상물, 파편과 반짝이는 섬광의 조각들이.

/

피자 가게. 대단치 않은 싸구려 음식점. 가족의 저녁 식사. 마티니가 없다. 짜증이 난다. 자리에 앉아 불안해하는 너. 부산스러운 움직임. 똑바로 앉아, 이브. 가만히 좀 있으라니까. 내가 잔소리를 하지만 너는 즉시 반항한다. 미련한 계집애 같으니. "아니, 싫어요." 퍽.

내 주먹이 너의 멍청한 얼굴 한가운데로 날아간다. 너의 코에서 피가 솟는다. 붉은색과 흰색의 체크무늬 테이블보에 선

홍색 얼룩이 생긴다. 너는 얼어붙은 채 경멸 가득한 얼굴로 나를 바라본다. 네 얼굴은 흘러내린 피로 가득하다. 가족들은 공포에 떤다.

"크리스, 얘 데려가서 좀 씻겨." 네 엄마는 너를 데리고 서두르듯 레스토랑을 가로지른다. 하지만 너는 레스토랑에 있는 모든 사람에게 얼굴을 보여주려는 듯 멈춰 선다. 나를 당황하게 만들고 가족들에게 수치를 안겨주려는 듯.

밖으로 나온 나는 네 팔을 꽉 잡는다. 주차장으로 너를 끌고 가 차 안으로 밀어 넣는다. 너는 뒷자리에 앉아서 훌쩍인다. "입 다물어, 이브. 그 더러운 입 다물지 못해?"

/

깊은 잠에서 깨어난다. 네 엄마가 깜짝 놀라며 말한다. 일어나, 아서, 일어나라니까. 이브가 침대에서 담배를 피우고 있어. 네 방으로 달려간다. 네가 반쯤 벌거벗은 모습으로 담배를 든 채 창문 밖으로 나가 지붕에 서 있다. 망할 년, 가만 안 둘 거야. 너를 창가로 끌어당긴다. 너를 때리고 짓밟는다. 계단으로 너를 질질 끌고 간다.

너를 밖으로 내던진다. 어둠 속에, 추위 속에, 속옷 바람으로. 이제 거기서 창녀처럼 살아. 세상 사람들 다 보게. 쾅! 문을 걸어 잠근다. 너는 앞마당에 남겨진다.

/

이쪽으로 와, 얼른. 거기 서. 벽에 기대서란 말이야. 내가 말을 할 땐 내 눈을 봐야지. 내 눈을 보라고. 목요일 밤에 어디 갔었어? 숨을 참으며 너는 무어라고 중얼거린다. 크게 말해, 이브, 크게 말하라고! 어디 갔었어? 누구랑 갔어? 이브, 누구랑 갔냐고! 수업 마치면 집에 와 있겠다고 하지 않았니? 그런데 그러지 않았더구나. 거짓말한 거야? 거짓말했어? 거짓말을? 감히 나한테 거짓말을 했다고? 이 더러운 거짓말쟁이 같으니. 거짓말이나 해대는 네 머리를 잡는다. 새로 나무 패널을 두른 벽에 너의 머리를 박아버린다. 쾅. 네 머리를 벽으로 밀어

댄다. 콘크리트처럼 단단한 머리. 조각조각 내서 그 안에 들어 있는 어리석은 거짓말이 쏟아져 나오는 것을 볼 테다. 쾅, 쾅. 네 머리를 부숴버리겠어.

“여보, 크리스. 얘는 아주 뼛속까지 썩었어. 얼른 부엌에 가서 칼 가져와.” 네 엄마는 움직이지 않는다. 가서 망할 칼 가져오라니까. 네 엄마는 방에서 나가버린다. 그러곤 돌아오지 않는다.

/

네 목을 손으로 감아 조르고 있다. 멈출 수가 없다. 목을 조르고 또 조른다. 너는 숨을 쉬지 못한다. 얼굴은 이미 빨갛게 되어 있다. 혀가 나올 정도다. 네 엄마가 고함친다. “그만해, 그만! 숨을 못 쉬잖아.” 하지만 더욱 세게 목을 조른다. 이제 네 얼굴은 파랗게 된다.

내 안에 있는 무언가가 이 짓을 멈추지 못하게 한다. 내 안에 있는 무언가가 네 멍청한 삶을 목 졸라버리라고 시키는 것만 같다. 목을 조르고 또 조른다. 너는 더 이상 숨을 쉬지 않는다. 네 엄마가 나를 떼어놓는다.

/

네가 전화기에 대고 속살거리는 소리가 들린다. 전화 통화는 허락하지 않는데 말이다. "전화 끊어, 이브, 당장 이리로 와."

"내 벨트 가져와 크리스. 내 벨트 가져오라고." 네 엄마는 잠시 망설인다. "당장 가져오지 못해!"

내 손이 벨트의 끝을 말아 쥔다. 침대에 기대고 엎드려, 이브. 당장 엎드려. 네 다리에 벨트를 휘두른다. 피부가 부풀어 오른다.

학교에 못 갈 줄 알아. 치어리더는 꿈도 꾸지마. 너를 소년원에 보내면 지하실에서 개와 함께 잠들겠지. 너를 끌고 계단을 내려가 지하의 식료품 저장실에 던져 넣는다. 다음 날 너는 사라지고 없다. 몇 주 동안이나 돌아오지 않는다. 여기저기 전화해 너를 찾으려는 엄마를 다그쳐 못 하게 한다. 학교에도 전화하지 않는다. 주위에 너의 행방을 묻지도 않는다.

어느 날 갑자기 네가 나타난다. 나는 네가 마치 죽은 듯 행동하라고 가족들에게 이른다. 누구든 너에게 인사를 건네거나 말을 한다면 혼날 줄 알라고 이야기한다. 너는 견딜 수 없어 하다가 다시 집을 떠난다.

/

다섯 살 때부터 그 작은 몸으로 두려움의 거대한 파도에 시달려온 너의 일생을 상상하니 마음이 너무나 어지럽구나. 이런 일상의 괴이한 폭력이 너를 힘들게 하고, 네 근육을 찢어놓고, 세심하게 짜인 너의 신경섬유를 무너뜨렸겠지. 너는 폭력으로 인해 죽음을 맞이할 수도 있었어. 각각의 끔찍한 사건들은 그 위험과 잔인성을 점점 키워나갔지.

아마 너에겐 이런 생각뿐이었겠지. 아빠가 또 때리면 어떻게 방어해야 할까? 그냥 죽어버릴까? 너는 끊임없는 불안과 두려움 속에서 살았고 이런 감정들은 결국 네 성격의 신경증적인 요소가 되었다. (네가 나중에 술을 많이 마시고 마약을 하게 된 것도 분명 스스로를 진정시키기 위해서였을 거야.) 이런 스트레스 때문에 너는 생각하고 공부하고 놀고 꿈꾸는 것, 혹은 무언가 배우고 집중하고 기억하는 것이 불가능했어. 너는 맘 편히 쉴 수 없었다. 잠을 잘 수도 없었지.

그리고 보다 체계적인 공포의 처벌이 계속되었다. 난 끊임없이 널 궁지에 몰아넣을 방법을 찾았어. 여기에는 기이하고 창의적인 비난, 온갖 모욕의 혼합, 잔인함, 고통이 수반되었지. 그중 하나가 특히 기억나는구나. 그걸 '탁구채 시간'이라고 해두자. 나의 비서인 애넷은 사무실, 아서 S. 엔슬러의 책상에서 매주 상세한 항목을 작성했지. 네가 저지른 나쁜 일들, 모든 거짓말, 각각의 위반 사항을 긴 항목으로 정리하는 거야. 집 안의 많은 정보원과 비밀 요원으로부터 자세한 내용을 모아들였거든. 나는 매주 너를 침실로 불러 이 목록을 크게 소리 내어 읽도록 시키지. 그러곤 네가 저지른 잘못이 몇 개나 되는지 세게 하는 거야. 어떤 날은 여섯 개, 또 어떤 날은 열 개. 네 개보다 적은 적은 없었지. 네게 할 말이 있냐고 물으면 너는 "죄송해요"라고 중얼거리지. "잘 안 들려, 이브. 중얼거리지 말고 똑바로 말해." 그러면 이번엔 지나치게 큰 소리로 "죄송해요!" 하고 외쳐. 다시 한 번 말하라고 하면 그제야 진심으로, 순종적으로, 공손하게 대답하지. "죄송해요, 아빠." "훨씬 낫구나. 이제 가서 탁구채 가져와." 탁구채가 어디 있는지, 그게 어떻게 쓰이는지 넌 알고 있지. 목록에 적힌 각각의 항목에 따라 이 탁구채로 세게 맞게 되리라는 걸 말이야.

청바지와 속옷을 내리라고 명령하면 넌 마지못해 내 말에 따르지. "빨리 해, 하루 종일 할 셈이냐." 이어 침대에 얼굴을 대고 엎드리라고 명령한다. 어떤 절차가 진행될지 넌 이미 다 알고 있어. 침대에 엎드려 부드러운 엉덩이를 무방비하게 드러내지. 열여섯. 이미 다 큰 성인 여성인 너는 손으로 침대의 이불을 꼭 붙잡고 있다. 딱딱한 초록색 고무 커

버가 씌워진 탁구채를 네 엉덩이에, 자국이 남을 정도로 세차게 내려친다. 이것이 나의 목적이었어. 처벌의 흔적을 깊이 새겨 네가 잊지 못하게 하는 것. 첫 타격을 용감하게 버텨낸 너는 두 번째에 이르러 손으로 엉덩이를 가리고 말지. 내가 손을 치우라고 하면 너는 울기 시작해. "제발요, 아빠. 그만하세요. 일부러 그런 게 아니에요. 제발요. 너무 아파요. 다음부턴 잘할게요." 나는 내려치고, 또 내려치고, 다시 내려친다. 기운이 빠질 때까지 너를 때린다. 끝나면 너는 일어나 속옷과 바지를 끌어 올린다. 온몸을 떨면서. 눈물을 흘리면서. 걷는 것조차 힘에 부쳐 비틀거리며 너는 방을 나간다. 이런 일이 몇 주에 걸쳐 일어나는 거야. 우리 두 사람의 의식儀式 같은 것이지. 너는 속옷을 내린 채 침대에 기대어 엎드리고, 나는 탁구채를 휘두르고.

그러던 어느 날, 네 태도가 바뀌었어. 기운이 넘치는 모습으로 목록을 읽고, 머뭇거림 없이 과장스러울 정도로 진심을 담아 "죄송해요" 하고 말하지. 이어 곧장 걸어 나가 탁구채를 가져온다. 당당하게 바지와 속옷을 내려. 침대 이불은 붙잡지 않고, 고함을 치거나 빌거나 울지도 않아. 일곱 대쯤 때렸을까. 다 끝나자 너는 일어선다. 바지와 속옷을 올리고 내 눈을 바라보더니 활짝 웃기까지 해. "아빠, 고마워요. 기분이 좋아요. 너무 좋아요. 또 하고 싶어요." 그러곤 방을 나가버린다. 네가 이겼다. 이브. 그 순간 탁구채 시간은 끝났다. 이 싸움에서 넌 승리를 거두었지. 하지만 그러기 위해 무엇을 대가로 치른 걸까? 너는 누구이고, 어떤 사람이 된 걸까? 나의 증오에 어떤 새로운 실체가 등장한 것일까?

너의 분노와 상처와 고통은 어디를 향했을까? 그런 것들을 넌 새롭게 등장한 단단하고 감각 없는 인격 아래 묻어버린 듯했어. 세상에 복수와 분노를 발산하는 그림자 인간과 달리, 너는 그 모든 것을 너 자신에게 투사했다. 한때 가장 상처 주기 쉬웠던 존재는 더 이상 찾아볼 수 없었지. 난 너에게 손을 댈 수 없었다. 너의 창문이 닫혀버렸으니까. 그림자 인간이 너의 방에서 죽어 있는 너를 발견했던 그날 밤부터 너의 인격도 무언가에 삼켜져버리고 만 거야.

자칫하면 넌 아주 위험한 사람이 되었을 거다. 그건 네가 겪은 일의 심각성 때문이기도 했고, 네가 그저 힘없는 소녀였기 때문이기도 했지. 하지만 그러는 대신 이때부터 넌 의식적으로 혹은 무의식적으로 너 자신을 파괴하기 시작했어. 나는 더 이상 주먹을 휘두르지도, 목소리를 높이지도 않았다. 내가 상상했던 것보다도 훨씬 강력하게 네가 스스로에게 폭력을 휘둘렀기 때문이야. 여기에 와서야 깊은 절망을 느끼며 이야기하게 되는구나. 내 잔인함 때문에 내 인생에서 가장 소중하고 천사처럼 부드럽던 소녀는 자살 충동에 휩싸인 십 대로 변해갔어. 난 공포와 혐오와 비탄의 마음으로 네가 무모한 광란을 향해 달려가는 모습을 목격했다. 이런 일은 몇 년에 걸쳐 계속되었지. 너는 담배를 피우고 술을 마셔댔다. 학교에서는 취한 채 몽롱한 상태 아니면 극도로 흥분한 상태였어. 아마 물건도 훔쳤겠지. 마약중독자나 마약 밀매꾼, 전과자 같은 부도덕한 무리와 어울려 다니는가 하면, 너보다 나이가 세 배는 많은 범법자들과 섹스를 하기도 했어. 네가 임신하는 건 시간문제였지.

너는 거친 히피가 되었다. 브래지어를 벗어 던지고 겨드랑이 털도 그대로 내버려두었지. 온갖 추태를 일삼았어. 그 모든 행동이 내 뺨을 후려갈기는 짓이나 마찬가지였어. 폭력으로는 더 이상 너를 제지할 수 없다는 것을 깨달았지. 너를 집 안에 가두었을 때조차, 너는 한밤중 몰래 빠져나가 나에게 저항했다. 차를 몰면서도 무모하기 이를 데 없었어. 충돌 사고를 일으킬 뻔하고 각종 위반 행위로 체포되는가 하면, 급기야 면허가 취소되기에 이르렀지. 학교에서의 성적과 행실을 보면 대학은커녕 그 어떤 미래도 없는 듯 보였다. 먹는 것도 그만두고 끔찍할 정도로 말라갔어. 감정이 고조되어 잠시도 가만있지 못하고 다리를 떨어댔지. 참을성 없고 무례하게 굴었어. 너를 되돌릴 수 있는 것은 아무것도 없었다.

열여덟 살의 너는 소용돌이치는 하강을 계속하며 돌이킬

수 없는 비극, 아니 죽음을 향해 내달리고 있었어. 나는 이 모든 것을 너의 의지이자 과오로 돌렸다. 나는 너를 강하게 책망하고, 수치스럽게 여겼으며, 널 상처 입힐 뿐이었어. 단 한 순간도 너를 추락에서 구하려고 애쓰지 않았지.

/

내 가슴을 갉아먹는 듯한 느낌, 이 타는 듯한 감정은 무엇일까? 오, 이브, 이브, 내 안에 있는 것이 너의 심장이 아닐까? 그때 네가 느꼈던 것을 지금 내가 느끼고 있는 게 아닐까? 너무나 힘들구나. 이런 불안, 이런 고독, 이런 절망이라니. 절망뿐이라니.

침몰하는 삶에 대한 무력감, 스스로를 향한 미움, 나와 네 엄마를 비롯한 가족 모두에 대한, 더하여 너를 이곳에 있게 만든 무정한 세상에 대한 숨 막히는 분노. 온몸이 마비되는 듯한 두려움. 돌아갈 곳 없는 상황. 아무에게도 이해받지 못하는 외로움. 넌 아무런 희망이 없는 폐소공포증의 감옥 속에 갇힌 처지였어. *나를 내보내줘. 여기서, 여기서 내보내줘.* 이브, 이런 상황에서 어떻게 숨을 쉴 수 있었니? 어떻게 살아남았니?

무슨 일이 일어나고 있는 것일까? 림보의 무기력한 공허가 문득 희미해지다가 어둠에 잠기는구나. 밤이 내려앉고 있다. 아니, 그보다는 파멸을 가져오는 거대한 구덩이 같다. 나는 지옥으로 떨어지겠지. 악마의 동굴처럼 어두운 상처. 치욕의 진통이 나를 뚫고 나온다. 천 번을 죽는다 해도 죽음이 나를 죽게 내버려두지 않을 것 같아. 충격 속의 충격, 대학살과 기만이 불타오르듯 계속되는구나. 모든 죽음이 나를 제 죽음의 역사와 연결시키고 있어. 그 죽음들은 나의 것이되 나 자신의 죽음은 아니야. 가면을 벗은 잔인성의 맨얼굴. 아, 그게 바로 나의 가족에게서 물려받은 피야. 나는 독이 스며든 토양에서 자랐지. 나의 아버지인 하이만이 이곳에 있고, 그의 아버지, 또 그의 아버지의 아버지가 있어. 자비 없는 혼란으로 이 세상을 무참히 망쳐놓은 아버지들이.

일련의 장군과 정복자, 기업가, 사기꾼, 독재자, 도둑, 모든 종류의 착취자와 멍청이. 영원토록 그들은 여기서 죽고 또 죽게 될 거야. 이들이 나의 아버지다. 이들이 바로 남자다. 가장 고귀한 부름에 충성한 자들. 복종이 논리와 도덕과 감정보다 중요했던 자들. 그들이 나를 부르는구나. 너와 나누는 바보 같은 대화는 그만두고 올바른 남성의 위계 안에 다시 제자리를 잡으라며 재촉하는구나. 얼마나 터무니없는 일이니. 내 힘과 가치를 증명하기 위해 프로그래밍된 기계처럼 영원히 이렇게 조종당하다니.

이브, 너에게 묻겠다. 도대체 어떤 선택이 가능했을까? 남성들의 왕국에서 내쳐진 남자란 어떤 존재일까? 너는 아마 이런 충성심을 이해하지 못하겠지. 충성심이야말로 우리 남자들에게 목적과 의미와 장소를 제공한단다. 추방된 우리가 대체 어떤 땅을 밟을 수 있겠니? 아담은 단 한 번 불복종했고, 그 결과 우리가 어떻게 되었는지는 너도 알잖니.

이쯤에서 멈출까. 나의 고백이 이미 내 업보의 무게를 조금 덜어준 모양이다. 이 어두운 지옥의 영역이 앞서 있던 림보보다 훨씬 더 견딜 만한 걸 보니 말이야. 적어도 이곳에서는 계속되는 고통과 되풀이되는 죽음의 움직임이나마 느낄 수 있구나. 그리고 림보에서와 달리, 아버지들이 있는 이 어두운 공간에서 나는 혼자가 아니야.

이브, 분명히 이는 내가 받아 마땅한 대가다.

나는 연습을 계속 더해 가고 있다. 너는 사과하라고 나를 여기로 불러냈다. 난 할 수 있는 한 자세하게 설명하겠다고 약속했고. 좀 참을 만한 상황으로 옮겨 가면 그만두겠다고 한 적은 없다. 여기서까지 내가 살아 있던 동안 하던 짓을 이어가고 있다니. 거래하고, 조작하고, 다른 무엇보다 나의 관심사만을 중요하게 여기는 짓 말이다. 오랜 습관은 쉽게 고쳐지지 않는 법이지.

이 사과라는 건 내가 생각했던 것보다 훨씬 더 고되고 설득력 없는 일이구나. 가까이 다가갈수록 더 멀어지는 것만 같아. 각각의 일들을 인정하기 위해서는 더 자세한 설명이 필요하고, 각각의 판단마다 다른 판단이 내재되어 있지. 판도라의 상자, 그러나 이미 세상을 향해 열려 과오들을 쏟아놓은 상자인 셈이야. 그 과오들이 집단의식에 드리운 불길하고 유독한 구름처럼 아무런 설명도 없이 매달려 있구나. 보이지 않는, 말해지지 않고 소유되지도 않는 이야기야말로 가장 큰 힘을 가진 이야기라는 사실이 점점 더 명확해진다.

이 모든 일을 인정하는 것은 내가 태어나기 훨씬 전에 결정된 피의 맹세를 거역하는 일이나 마찬가지란다. 사과를 행하는 자는 최상위 명령을 어기는 반역자이지. 얼마나 많은 남자가, 얼마나 많은 아버지가 자신의 실패나 공격을 인정했을 것 같니? 이 행위 자체가 기본 강령을 배신하는 일이야. 죄의식의 파편을 온 사방에 뿌리는 짓이나 마찬가지지. 만일 우리 중 누구 한 사람이 잘못을 저지르면, 전체 구조와 이야기가 허물어진단다. 침묵은 우리의 연대야. 이야기하지 않는 것, 밝히지 않는 것은 우리의 무기고에 있는 가장 오래되고 강력한 무기지. 하지만 우리의 훈련 교재에는 이것 말고도 각종 다른 기술들이 들어 있단다. 어떤 면에서는 그 어떤 신체적 타격보다 효과적이고 오래가는 기술들이.

나 또한 네가 너 자신의 경험과 인식, 너의 가치에 의문을 갖도록 여러 기술을 사용했어. 가장 잔인하고 불법적인 행위를 저지르는 와중에도 네가 경험하는 것은 나쁜 일이 아니라고, 네가 과장스럽고 극단적인 반응을 보이는 거라고 얼마나 많이 설득했니. 네가 겪는 고통은 전혀 고통이 아니라고 얼마나 많이 강조했니. 널 벽에 밀쳐버린 것도 내 사랑이 너무 커서 그런 거라고 말했었지. 다 너를 위해 이러는 거라고. 얼마나 다양한 방법으로 너를 의도적으로 혼란케 하고 의기소침하게 만들었는지. 내 목적을 위해 사건을 얼마나 조작하고 얼마나 많은 증인과 조력자를 등장시켰는지.

매일 이어지던 가스라이팅.* 쓰라린 결말에 이르기까지 나는 늘 너를 깜빡이는 의문 속에 남겨놓았고, 그로 인해 너는 한밤중에 깨어나 숨도 못 쉬고 괴로워했지. 이 모든 것이 그냥 상상 속에서 일어난 일은 아니니? 기억하는 것만큼 정말로 끔찍했니? 왜 다른 사람들은 이 일에 신경 쓰지 않았을까? 왜 다들 아무 말도 하지 않았던 거지? 너에게 무슨 문제가 있었던 것은 아닐까? 왜 그 자리를 조용히 비켜가지 않았니? 왜 너 자신에게만 신경을 썼던 거지? 너무 유난을 떤 건 아니야? 세상일은 원래 그런 것인데 말이야. 왜 안전한 새장을 흔들어 소리를 내고 둥지를 망쳐 놓았지? 상대는 너의 아버지인데. 네 아버지는 최선을 다했어. 이건 가족이 관련된 일이야. 너는 언제나 다루기 힘든 아이였지. 왜 받아들이지 못하니? 너는 언제나 잘난 척을 해야 했지. 너는 정말 특별했어. 네가 다섯 살이었을 때 그가 손가락을 네 몸속

* 타인의 심리나 상황을 교묘하게 조작해 지배력을 강화하는 정서적 학대.

으로 밀어 넣었다고? 그가 너를 찌르겠다며 네 엄마에게 부엌칼을 가져오라고 했다고? 피가 흐를 때까지 그가 너를 때리고 숨이 막힐 때까지 목을 졸랐다고? 그가 너를 계단 아래로 밀쳐버렸다고? 너는 살아남았어. 세상에는 그보다 훨씬 더 끔찍한 일이 많이 있지. 있는 그대로 받아들이면 되는 것을.

나도 다 알아. 이런 의문들과 자기 의심에서 나도 헤어나지 못했었거든. 전부 내가 너에게 주입한 것들이다. 아버지들의 군대에 응하고 그 부름에 발맞추도록 만드는 불안함이지.

하지만 너는 어린 나이임에도 그 대열에서 빠져나왔고, 다른 이들과 함께 행진하지 않으려 했어. 깨지고 부러지고 혼란과 의문으로 가득했던 너는 질문하고 되받아 싸웠지. 지금에야 깨달은 사실이지만, 네 저항에서 내가 느꼈던 것은 분노가 아니었다. 그것은 경외감이었어. 놀라움이었지. 어떻게 열 살짜리 소녀가 자신에게 주어진 도전에 맞설 수 있었을까? 어린아이에 불과한 네가 어떻게 무리에서 빠져나가 홀로 설 수 있었을까? 어떤 정신이, 어떤 배짱과 용기가 네 속에 자리 잡고 있었던 걸까? 하지만 경외감은 나의 얄팍한 감정 사전에 등재되지 못한 가치였고, 그리하여 재빨리 후회와 질투로 모습을 바꾸고 말았지. 그래, 이브, 나는 너를 질투했다. 너의 대담함을 시기했어. 너를 특별하게 만들고 우월하게 만드는 반항의 거침없는 힘을 견딜 수 없더구나. 너는 내가 힘으로 무장하고 스스로를 배신한 방식을 전부 꺼내어 보여주었지. 나의 유약하고 자발적인 묵인과 굴종을 더욱 명확하게 만들었어.

더욱 수치스러웠던 것은, 네가 감히 아버지에게 반박할 수 있다는 사실이었다. 너는 마치 나와 동등한 존재인 양 자기주장을 했어. 그것은 나의 우월함에 대한 도전이었지. 감사를 모르는 발칙한 너는 감히 나보다 세상일을 더 잘 안다고 생각했어. 내 왕국이라 할 수 있는 가족 안에서 나의 권위를 약화시켰던 거야. 이브, 네가 나를 망쳐놓는 것 같았다. 어떤 용서도 있을 수 없다고 생각했지.

내게 맞선 너는 멈출 수 없는 분노의 바람에 불을 댕겼고, 내가 죽는 날까지, 아니 죽음 이후에도 나를 사로잡았다.

자부심과 허세에 자극받은 분노. 양심을 배신한 나 자신에 대한 분노. 가정생활의 병적인 권태와 결코 기대에 부합하지 못하는 성가신 아이들, 회사에 목맨 멍청이이자 일하는 기계가 되어가는 스스로에 대한 분노였다. 추잡하게도 다섯 살 난 아이에게 손을 댔다는 뼈아픈 죄의식과 언젠가 발각될지 모른다는 공포로 인한 억압이 만들어낸 분노였어.

내 시간을 낭비하고 공간을 차지하는 것 말고는 무엇도 하지 못하는 한심한 이 세상 사람들에 대한 분노이기도 했다. 그동안 이룬 것들은 물론 꿈과 인격을 무너뜨리고, 기꺼이 그 과정에 있는 모든 것을 맹목적으로 망쳐버릴 분노. 내 지혜와 지성이 부인되었다는 분노. 내 매력이 훼손되었다는 분노. 나는 더 이상 한 남자가 아니었다. 나는 폭풍이었어.

"모든 민족은 물을 것이다. '어찌하여 야훼께서 이 땅에 이런 일을 하셨을까? 이토록 혹심한 분노를 터뜨리셨을까?' 그러면 이렇게들 말할 것이다. '이 백성은 이집트 땅에서 구출되어 나올 때에 저희 선조의 하느님과 맺은 계약을 저버렸다가 이 모양이 되었단다. 듣지도 보지도 못하던 신들, 야훼께서 섬기지 말라고 하신 신들을 따라가 그들을 섬기며 절했지. 그러니 야훼의 분노가 이 땅에 터질 수밖에. 그래서 이 책에 기록된 모든 저주를 그 위에 내리셨던 것이다. 야훼께서 너무 노엽고 화가 나고 분하셔서 그들을 저희 땅에서 송두리째 뽑아다가 오늘날 저렇게 다른 나라에 쫓아버리신 것이다.'"*

이브, 나는 너를 저주했고 너를 나의 땅에서 내쳤다. 너의 자신감을 깎아내렸고 너를 무시했어. 네 야망을 축소시켰고

* 신명기 29장 23~27절, 대한성서공회, 《공동번역 성서 개정판》, 1999.

네 가능성을 지워버렸다. 그리고 나를 되찾기 위해 네가 할 수 있는 일은 전혀, 아무것도 없었지.

/

네 엄마의 애원도 내 마음을 움직일 수는 없었다. 네가 얼마나 심하게 추락하는지, 파멸과 가난과 죽음에 얼마나 가까이 다가갔는지는 내게 중요하지 않았어. 네가 나의 인정과 지원을 얼마나 갈망하는지도 중요하지 않았지. 나는 모든 면에서 너를 지워버렸다. 네가 어떻게 해냈는지 오늘날까지도 나로선 모르겠지만, 대단치 않은 여대에서 1년을 보낸 뒤 너는 학문적인 변화를 시도하며 훨씬 좋은 학교로 옮겨 갔다. 아마도 그로써 마침내 나를 떠나려 했던 것 같아. 내가 잘못했음을 증명하려는 의지가 맹렬한 추동력으로 작용했으리라 생각한다.

방학을 맞아 집에 온 너는 자신만만하고 열정으로 가득

차 있었다. 네 관심과 재능을 발견한 것 같았어. 저녁 식사 자리에서 예술가가 되겠다고, 작가가 되겠다고 선언했지. 내가 강력하게 조언한 것과 달리 과학이나 수학은 공부하지 않겠다고 말했어. 네가 공부하고자 했던 건 철학이나 문학이었다. 너의 오만과 확신에 나는 분노했지. (다시, 이제 와 돌아보니 그것은 질투였다.) 무엇을 원하는지, 무엇이 되고 싶은지, 무엇을 공부해야 할지, 열아홉 살짜리가 어떻게 알 수 있다는 것일까? '시'를 써서 어떻게 먹고살 거냐고 묻자, 너는 어떻게든 해결해나가겠다고 대답했어. 변호사나 회계사 공부를 할 수 있을 만한 수업을 들으라고 했지만 거부했어. 난 내가 학비를 대니 너는 현실적인 미래를 준비할 수 있는 수업을 들어야 한다고 했다. "아니요, 그런 수업은 듣지 않을 거예요. 지금 나는 모든 과목에서 A 학점을 받고 있어요. 앞으로 장학금도 받을 거예요. 아버지 돈은 쓰지 않아요."

쾅! 나는 네가 앉아있던 의자를 잡아당겨 들어 올렸어. 네 머리에 내리쳐 부서뜨릴 작정이었지. 하지만 놀랍게도 넌 나에게 달려들어 내가 쓰러질 정도로 밀쳐버렸다. 내게 주먹까지 들어 보였지. "내 수업이나 내 꿈을 위해 돈을 댈 필요 없어요. 하지만 다시 나에게 손찌검을 한다면 이 집을 영원히 떠날 테니 그렇게 아세요." 네가 정말 제정신으로 이런 짓을 한 것일까? 정말 주먹을 들어 나를 치려 했던 걸까? 그저 놀랍고 혼란스러울 뿐이었다. 너는 홀로 내게 맞설 수 있는 상대가 되어 있었어. 이 믿을 수 없는 상황을 원래대로 돌리고 너를 무릎 꿇리기 위해 나는 훨씬 더 효과적이고 무자비한 방법을 찾아내야 했지. 싸움은 계속되었다.

너는 미국 최고의 연극과 석사 과정 여섯 곳 중 한 곳에서 입학 허가를 받았어. 기쁨을 나누고 내게 학비 지원을 받기 위해 오랜만에 집에 찾아왔지. 대학 졸업을 몇 달 앞둔 시기였다. 연극계에 몸담고자 하는 의지가 보이더구나. 이 석사 과정은 최상의 훈련과 졸업 후 필요한 네트워크를 제공해줄 터였다. 대학원 입학은 정말 대단한 일이었지. 너의 과장스러운 말버릇도 다시 등장했어. "아빠, 이 일은 내 전부예요."

되돌아보니, 이브, 정말 그랬구나.

"이미 몇 년 전부터 말했잖니. 이 길로 가려면 네 스스로 해결해야 한다고." "하지만 아빠, 아빠가 부자라 난 장학금을 받을 수가 없다고요." "그건 네 문제야, 이브, 네 선택이잖니. 네가 알아서 해결해야지." 바로 그 자리에서 난 너의 어리석은 꿈을 좌절시켰다. 적어도 내가 바라고 생각했던 일이 이루어진 셈이었어. 무슨 일인지, 대학 졸업식 때 넌 대표 연설을 맡았더구나. 수천 명이나 되는 관객 사이에 앉아 있는데 내 뒤에 앉아 있는 사람들이 속삭이는 소리가 들렸지. "래디컬 페미니스트가 연설을 하는군." 사람들이 나의 딸, 바로 네 이야기를 하고 있다는 사실을 깨닫자 문득 네가 낯설게 느껴졌다. 나는 너를 몰랐어. 너는 나를 떠나 학교로 갔지. 너는 스스로 두각을 나타냈고, 새로운 인생을 만든 거야. 너를 자랑스럽게 여기고 싶으면서도 한편으론 감히 나에게서 떨어지려는 것을 견딜 수 없더구나. 자리를 떠나 새로운 길을 열며 스스로의 존재를 결정한 너는 누구일까? 이

강당에 모인 수많은 사람의 관심을 한 몸에 받을 정도로 말과 의견이 의미 있게 받아들여지는 너는 누구일까? 더욱 걱정스럽던 것은 바로 이런 생각이었다. 만일 이 사람들이 너에게 귀 기울인다면, 다른 사람들은 어떨까? 네가 연설을 하는 동안 자리에 앉아 있었지만, 솔직히 말해 너의 말은 한 마디도 귀에 들어오지 않았어. 수천 명 앞에 선 스물두 살의 너에게서는 카리스마와 힘이 넘쳐흘렀다. 청중들은 너에게 사로잡혔고, 너는 기립박수를 받았지. 내키지 않지만, 그때 난 분노와 함께 마음의 평정을 잃었다고 고백해야 할 것 같구나. 정중앙에 자리 잡아야 하는 사람은 네가 아니라 나였다. 나야말로 그러한 존경과 권위를 누리도록 부여받은 사람이었다.

곧 네 연설이 끝나고, 잊지 못할 일이 일어났지. 여기 림보에서 수만 번 반복해 보았던 장면이다. 불안하고 심사가 뒤틀렸던 나는 담배를 피우려고 밖으로 나가 잠시 걸었다. 5월의 무더위 속이었고 공기는 후텁지근했지. 바로 그때 너도 밖으로 나오더구나. 나는 네가 피우는 럭키 스트라이크 담배에 불을 붙여주고, 이어 내 담배에 불을 붙였어. 네 손은 여전히 떨리고 있었지. 안에서는 여전히 졸업식이 진행되고, 우리 두 사람은 침묵 속에 서 있었다. 마치 이 유예의 순간 우리 둘을 만나게 하려고 온 세상이 모의한 것 같았지. 너를 칭찬하고 놀라운 성과를 인정해주기에 가장 완벽한 순간이었어. 많은 면에서 네가 나 때문에 이런 업적을 이루었다는 것을, 나의 승인과 인정을 얻기 위해 해냈다는 것을 알고 있었다. 나의 기대에 부합하기 위해, 게으르거나 어리석지 않다는 것을 보여주기 위해 해낸 일이었지. 그 순간으로 돌아간다면, 기꺼이 너를 칭찬할 거야. 내 행동이 터무니없었음을 지금은 아니까.

하지만 그때 나는 딱딱하고 건조한 모습으로 버티고 선 채 먼 곳만 쳐다볼 뿐이었어. 완전히 무관심하고 조용하게, 마치 아무 일도 일어나지 않은 듯, 그 순간을 놓쳐버린 듯 굴었지.

이브, 네가 어떤 기분이었는지 느낄 수 있었다. 못 느꼈다면 거짓말이겠지. 네가 나에게 원하는 것이 무엇인지, 그것이 이 영광스러운 순간 이후에 다가올 앞으로의 시간에서 네게 얼마나 큰 차이를 만들어줄 것인지도 알고 있었어. 마침내 너 자신이 되고 스스로 운명을 책임지게 되는 전환점에 너는 놓여 있었지. 그 모든 것이, 기꺼이 너를 인정하고 축하하려는 나의 겸손한 의지에 달려 있었어.

하지만 난 그럴 수 없었고, 그렇게 하지 않았다. 너를 돕지 않았어. 너에게 발톱을 계속 세울 필요가, 너를 지배하고 벌할 필요가 있었지. 그래서 나는 아무 말도 하지 않았다. 아무 말도, 단 한 마디도 하지 않았다. 온통 침묵만이 지배했어. 대학원 학비를 한 푼도 대주지 않음으로써 난 네가 미래로 향하는 가장 중요한 길을 잘라버렸다. 또 인정을 유보하고 너의 연설을 무효화했지. 그리고 이제 다시 끔찍한 짓을 저질렀어. 징벌의 침묵 속에서 진땀을 흘리며 거기 선 채, 나는 천천히 주머니에 손을 넣었다. 수표가 들어 있는 봉투를 건네주었지. 1천 달러. 너에게 봉투를 건네며, 난 마치 네가 회사 고객이고 이로써 사업상 거래를 완수했다는 듯 행동했어. 아무런 애정이나 관심의 기미 없이, 그저 공허하게 네 눈을 쳐다보며 말했지. "잘 살아라, 이브." 이게 끝이야. 내 임무는 이제 끝났어. 무대 위의 유명인이 되고 싶다니 어디 마음대로 해봐라. 너의 미래라는 상대의 복부에 주먹을 한 방 날린 셈이었지. 네 무릎이 휘청거리더구나. 너는 눈물을 흘리며 돌아섰지. 그러곤 한마디 말도 없이 그대로 가버렸어. 말 그대로, 너는 돌아보지 않았다. 전쟁을 끝내는 대신 나는 근거리 미사일을 떨어뜨렸고 너를 완전히 무너뜨렸다.

그날 너는 심하게 취했다. 엉망진창인 모습으로 사람들의 웃음거리가 되었지. 네가 제정신이 아닌 몰골로 울다 지쳐 잠들었다고 네 엄마가 말해주더구나. 영원히 너의 자신감을 깨뜨려버린 순간이었다. 이후 너의 모든 승리에는 거부의 기억이 함께 빛났을 거야. 어떤 성취도 진정성을 갖지 못하고, 충분치 않으며, 모든 업적은 배신과 실망의 공포로 가득 찼겠지. 난 안다. 왜냐하면 내가 그 특별한 과녁을 향해 일부러 폭탄을 떨어뜨렸으니까. 내가 그랬다. 나는 네가 실패하기를 기대했어. 네가 쓰러지기를 원했지. 네가 그 어떤 일에서건 성공하지 못하기를 바랐다.

네 엄마는 이런 나를 이해하지 못했어. 이브의 대학 교육을 위해 돈을 써놓고 왜 이렇게 아이의 존재를 계속 뒤흔드냐고, 말이 안 되는 행동 아니냐고 묻더구나. 하지만 내겐 기괴한 논리가 자리하고 있었어. 네가 독립적이 될수록, 성공할수록, 내가 너에게 행사할 수 있는 통제력은 줄어들잖니. 너는 너만의 생각을 갖고 너만의 현실을 만들어가려 했지. 하지만 더 믿을 만한 사람이 되고 존경을 받을수록, 네가 믿을 만한 증인이 될 가능성 또한 높아지고, 그건 내게 즐거운 일이 아니었다.

그 무렵 난 어둠 속의 그 악몽 같은 침입이 너를 피폐하게 만들고 파괴했다는 사실을, 또 걷잡을 수 없는 반항아로 바꾸었다는 사실을 깨닫고 있었어. 내게 복수를 가해 오는 것은 시간문제야. 피해망상에 빠진 나의 뇌는 이런 상상을 했지. 네가 능력을 발휘하지 못하도록 해야 했어.

내가 벌하려던 사람은 누구였을까, 파멸시키려던 대상은 누구였을까?

내내, 난 네가 끔찍한 잘못을 저질렀다고 느끼게 만들었다. 언제나 불안에 떨며, 이름 붙일 수 없는 죄의식과 두려움 속에서, 나는 너를 네 아비의 죄를 전달하는 자로 만들었어. 마치 전사처럼, 부상자처럼, 병의 원인이 될 돌연변이 세포처럼 내 죄를 짊어지게 했지. 마치 더럽혀진 몸에 새겨진 주홍글씨인 양 넌 그 임무를 짊어졌다. 한 번 쓰고 버리면 그뿐이라고, 쉽게 잊히는 존재라고 네게 쓰여 있는 것만 같았어. 기다리고 있는 포식자에게 더 많은 가해를 권하는 초대장처럼 넌 그 모든 죄를 짊어졌다. 서른이 될 때까지 살아남지 못할 것이라는 저주 같은 죄를 짊어졌어. 너는 죽기 직전까지 술을 마시고 스스로를 위험으로 몰아가면서도, 누군가 너를 끌어내 이 고통을 끝내고 사악한 저주를 풀어주기를 남몰래 꿈꾸었지. 나는 이 모든 것을 지켜보았고, 그대로 흘러가도록 내버려두었어.

대학을 마친 너를 지원해줄 체계 같은 건 전혀 없었다. 의기양양하게 서 있던 높은 곳에서 너는 굴러떨어졌지. 더 이상 연설은 없었어. 목소리도, 목적도, 경로도 잃고 말았지. 나는 너를 돕지 않았고, 네 엄마가 도우려 하는 것도 막았다. 딱 한 번, 뉴욕에 있는 네 음울한 아파트를 방문한 일이 있지. 거기서 내가 본 긍정적인 면은 단 하나, 그 집에 적어도 쥐는 없다는 사실이었다. 네 엄마는 너를 도와주자고 애원했지만, 나는 화를 내며 네가 혼자 힘으로 알아서 살아야 한다고 일축했지. 그것이 이 세상에서 아이들이 자기 인생을 살아가는 유일한 방법이라고 말이야.

극심한 경제적 곤란에 빠져 있던 너에게 단 한 푼도 도움을 주지 않았어. 새벽 4시에 술에 취해 자살하기 직전 전화를 했을 때도 나는 네 엄마에게 전화 끊으라고, 다음 날 네가 살아 있는지 확인도 하지 말라고 명령했다. 잠시 네가 방탕과 위험과 절망이 내려앉은 밤 속으로 집어삼켜져 모습을 감춘 적이 있었지. 마피아가 운영하는 싸구려 술집에서 웨이트리스로 일한다고, 언제나 취해서 길을 헤맨다고, 오후가 되기 전에는 일어나지도 않는다는 소문을 들었다. 청부살인업자와 만난다는 이야기도 있었어.

난 네가 그냥 사라져버리거나 죽어버리기를 바랐던 걸까? 어쨌든 내가 그렇게 행동했던 건 사실이다. 너의 절규가 들리는 것 같구나. *어떤 아버지가 자기 딸이 이렇게 무너져 내리도록 내버려둘 수 있을까. 세상 어떤 종류의 분노가 그토록 오래 지속될 수 있을까? 뭔가 다른 이유가 있을 거야. 도대체 이렇게까지 해서 무얼 얻으려는 거지?*

끔찍한 얘기를 해줄까? 네가 돈도, 세상의 존경도, 미래도 없이 고생하는 모습을 지켜보는 것이 난 즐거웠다. 네가 독립적으로 설계한 비현실적이고 허세 가득한 미래를 추구하다 제멋대로 그 높은 곳에서 추락하는 모습이 나를 즐겁게 만들었어. 네 학비를 대느라 고급 아이스크림 영업 사원으로 내 인생 최고의 시간들을 허비할 때 넌 작가나 예술가가 되기를 꿈꾸다니, 도대체 무슨 생각으로 그러는 거야? 나는 원했던 것처럼 유대교 경전도 플라톤도 공부하지 못했고 꿈을 펼치지도 못했는데.

두렵게도 이런 생각이 벌레로 가득한 깡통을 열어버렸다. 난 너의 고통으로부터 기쁨을 끌어내는 인간이 되었어. 동화 속 멋진 왕자는 변태적인 사드 후작으로 변모해버렸지.

이브, 네가 추락하자 나는 스스로 훨씬 나은 사람이 된 기분이었어. 더 이상 너는 내 자아나 가치를 위협하는 대상이 아니었으니까. 너는 나를 배반하고 나를 거역했잖니. 온 세상이 나의 평가에 따라 나를 떨쳐낸 너를 처벌하자 만족감이 들더구나.

나 없이는, 나의 허가 없이는 네가 아무것도 아니라는 사실이 너무나 기뻤어. 네가 더 이상 나의 심장을 건드릴 수 없으리라는 걸 알게 되니 마음 깊이 즐거움을 느꼈지. 수치스러움을 내포한 부드러움, 그게 사디즘 아니면 무엇이겠니?

신뢰를 모독하고, 다정함이라는 본능을 왜곡한 것이야말로 내가 너에게 전해준 감정적인 유산遺産이 아니었을까? 이 가학적인 쾌락과 잔인한 충동이 네 본성에 두터운 화장처럼 덧칠된 것은 아니었을까? 왜 네가 아이를 갖지 않았는지 자주 나 자신에게 질문해보았다. 나와 같은 욕구가 너에게도 전해질까 봐 두려웠던 거니? 너무나 오랜 괴롭힘이나 자식들의 추락이나 실패에서 느끼는 내면의 안도감, 갑작스럽게 아무 이유 없이 일어나는 구타와 폭력, 우연인 듯 계단 아래로 떨어지는 아이 같은 것들이?

몇 년이 흘러 마침내 나를 보러 왔을 때, 너는 이제 막 정신을 차린 참이었지. 푸석푸석해 보였고 부서질 듯 불안한 모습이었어. 넌 "공동체"를 찾았다고, 그들이 너를 돕고 있다고 말했지. 그러면서 말도 안 되는 뻔하고 진부한 이야기를 늘어놓는가 하면 "위대한 힘" 운운하며 헛소리를 이어갔어. 우리는 종교를 믿지 않은 가정이었기에 이런 종류의 일탈이 특히 신경 쓰이더구나. 나는 이단 종교와 그 광신자들을 혐오했어. 그 어떤 종류의 것이든 모임이나 단체를 경멸했지. 하지만 너에게서는 새로운 결심이 느껴졌어. 너는 뗏목을 하나 발견했고, 필사적으로 그것을 잡을 기세였지.

그 새로운 결심을 축하하는 대신, 나는 가까스로 정신을 찾은 너를 조롱했다. 네가 알코올중독자였다는 사실을 믿지도, 인정하지도 않았고, 네가 친구라고 부르는 불쌍한 패배자들을 폄하했어. 내 우월함과 반감을 드러내기 위해 난 마티니 한 잔을 만들어 너에게 건넸지. 너는 깜짝 놀라 조용히 거절했다. 나는 비웃으며 한 번 더 권했고, 네가 물러서지 않자 네 인생은 이 정도라고, 그렇게나 젊은 나이에 어쩌다 이렇게 되었는지 정말 안타까운 일이라고 비아냥댔어.

하지만 네 내면의 무언가가 변해 있었어. 너는 내 말에 반응하기는커녕 스스로를 변호하지도 않았지. 너는 탭* 한 잔

* 코카콜라 최초의 다이어트 음료.

을 훌쩍이며 계속 담배를 피워댔고, 그 모습에 나는 더욱 당황할 뿐이었다. 갑자기 네가 내 손아귀에서 빠져나간 듯한 기분이었어. 너는 미끼를 물지 않았지. 넌 이제 더 큰 영향력을 행사하는 일군의 사람들과 함께였고, 그들이 나에게 대항할 책략들로 너를 무장시킨 것 같았다. 분노가 차오르더구나. 난 앞으로 어떻게 살 생각이냐고 네게 물었어. 너를 자극하고 또 자극했지. 네 교육에 엄청난 돈을 썼는데 결국 아무것에도 성공하지 못했다고, 너는 미래도 계획도 없는 웨이트리스라고, 실패자라고 말했어. 너는 아무 대꾸도 없더구나. 전화를 걸어야 한다며 방을 나가버렸고, 돌아왔을 땐 가방을 꾸린 상태였어. 그러곤 이런 환경은 너의 최우선순위, 그러니까 건강한 정신 상태를 유지하는 일에 위협이 된다며 사라져버렸지. 순식간에 일어난 일이었다. 네가 목에 묶인 줄을 잘라버리고, 문을 열어 밖으로 나가버린 거야. 이런 식의 절연에 나는 분노했다. 놀라 제정신이 아니었지. 우선순위와 인생을 논하며 내 시야를 벗어나 집에서 나가

다니! 스스로 인생을 결정하다니! 이젠 이게 얼마나 이상한 얘기인지 알지만, 끝없이 이어지는 분노의 한가운데에서 너란 존재는 여전히 나에게 속해 있었다. 네가 무능력하고 술에 취해 있는 동안에는 너를 소유할 수 있었는데. 네가 엉망으로 지낸다면 계속 나의 허락과 승인을 필요로 할 텐데.

이 끔찍한 고백도, 나 자신도, 점점 구역질이 나는구나. 온통 덜컹이고 웡웡대는 것 같아. 온몸에 기름이 발린 채 우리에 갇힌 돼지처럼, 난 비열한 이기주의의 끔찍한 고문에 시달리며 끊임없이 맴돌고 있다. 신이시여, 저를 이곳에서 내보내주소서. 이 깰 수 없는 껍질을 깨버리게 해주소서. 끝없는 거울의 지옥에서 나를 자유롭게 풀어주소서. 내가 너를 자유케 해줄 진실과 허락의 층위에 닿을 듯 가까이 다가간 적이나 있을까? 내가 보기에, 사과란 가장 근원적인 친밀함을 강조하는 행위 같구나. 만일 고백이 용서를 구하기 위한 것이라면, 고백하는 자는 아무것도 걸치지 않고 완전한 맨몸이 되어야 하겠지.

이 과정이 그저 후회를 곱씹기 위한 것이 아님을 안다. 그래, 사과에 내포되어야 할 것은 당시 상황을 만든 근본적인 요소들에 대한 재해석이겠지. 그 점에 있어 나는 실패한 것 같구나. 지금 이 순간조차, 내 오만함의 벽에 막혀 너를 진짜로 보고 느낄 수 있는지 의문이니까. 이런 잔인한 인식이 너에게 어떤 종류의 파열과 고통을 야기하고 있는지 멈춰서서 생각하거나 응시한 적이 있던가? 좀 누그러진 걸까? 여전히 충격에 휩싸여 있을까? 분노에 몸을 떨고 있을까? 불면과 상실감에 시달리지는 않을까? 마침내 오명을 씻고 잘 살고 있을까?

내가 어떻게 알 수 있겠니? 너는 내 자아라는 문밖에 존재하고 있는 것이 아닐까? 혹시 네 모습이 허구나 투사나 과장은 아닐까? 너는 내게 일종의 과녁 같은 걸까? 아니면 위협이나 영원한 후회일까? 이브, 너를 잘 모른다고 말할 수밖에 없어 부끄럽구나. 네가 버섯 마리네이드, 청어와 딜 피클을 좋아한다는 사실은 알고 있지만, 이는 내가 그것들을 좋아하기 때문이야. 하지만 네가 어떤 책을 읽었는지, 네 인생의 길잡이가 된 시가 무엇이었는지 나는 알지 못한다. 니체나 에머슨, 보들레르를 읽었을까? 어떤 친구에게 마음이 끌릴까? 무대에 서는 삶은 어떤 것일까? 공연을 한 적은 있을까? 너는 정말 레즈비언이었을까? 식욕은 좀 돌아왔을까? 바다를 좋아할까, 아니면 산이나 숲을 더 좋아할까? 왜 채식주의자가 되었을까? 네가 살면서 한 가장 용감한 일은 무엇이었을까? 재미있는 사람일까? 나 때문에 대도시로 거처를 옮긴 것일까? 내가 너를 유대인 율법에 맞게 키워야 했을까? 아침에 일찍 일어나는 사람일까? 작약보다 장미를 더 좋아할까? 고양이를 키우고 있을까? 신의 존재를 믿을까? 커피를 마실까, 아니면 차를 마실까? 입양한 아들과는 잘 지낼까? 돈을 벌어본 적은 있을까?

이브, 너는 누구니? 나는 모든 것을 놓쳐버렸다. 너를 놓쳐버렸어.

네가 그립구나.

나는 너를 제대로 알거나 제대로 보기를 거부했다. 어떤 면에서는 이것이 가장 파괴적이고 엄격한 박탈이었을 거야. 우리는 모두 그런 것을 갈망하니까. 남에게 알려지는 것. 형체와 모양을 제대로 갖춰 인정받고 소중하게 여겨지는 것. 그런 게 아니라면 우리가 존재한다는 걸 어떻게 믿겠니? 내가 그토록 극단으로 치달았던 것도 아마 그 때문이었을 거야. 내가 나 자신을 볼 수 없었기에, 내가 지워졌기에 나는 내 존재를 경험하고 다른 사람에 대한 나의 영향력을 느낄 방법을 찾아야 했지. 실체와 힘이 부여된 에너지, 그게 바로 폭력 아니면 무엇이겠니?

아주 어렸을 때부터 네가 비슷한 존재론적 분노로 인해 고통받고 있다는 사실을 알고 있었다. 그토록 일찍 그런 고민을 한다는 사실에 놀랐고 당황했지만, 이제는 이해할 수 있어. 너는 계속해서 죽음에 집착했지. 죽으면 네 몸은 어떻게 되는지, 어디로 가는지, 어느 날 갑자기 증발하는지, 산산조각이 나는지 아니면 그냥 사라지는지 묻곤 했어.

네가 아홉 살 아니면 열 살 무렵의 어느 밤, 네 엄마와 내가 외식을 하고 돌아와보니 베이비시터가 욕실 밖에 앉아 있더구나. 십 대였던 베이비시터는 정말이지 당황한 듯 보였어. 클로드 레인스Claude Rains가 등장하는 영화 〈투명 인간〉을 보았다는데, 사실 네 또래가 보기엔 지나치게 어려운 내용이었지. 욕실 안에서 너는 변기에 고개를 숙인 채 토하며 울고 있었다. 절망 속에서 숨을 쉬려 노력하며 이해할 수 없는 말을 쏟아냈지. "머리에 두른 붕대를 푸는데 그 안에 아무것도 없었어요. 머리도 사람도 아무것도 없었다고요. 그는 어디로 간 거죠? 여기 있기나 했었을까요? 우리 몸속에는 무엇이 들어 있을까요? 우리가 존재하기는 하는 거예요? 우리는 아무것도 아닌 거예요? 내가 아무것도 아닌 것 같아요. 난 아무것도 아닌 게 되기 싫어요." 그러더니 더 크게 울고 더 많이 토했어. 무슨 존재론적 열병에라도 걸린 것처럼 이 증세가 이틀이나 계속되었지.

이제 자문하지 않을 수 없구나. 누가 너를 아무것도 아닌 존재로 만들었을까? 나로서는 변명할 수가 없다. 내가 정말 누구인지에 대해서는 아무 관심도 없이 그저 자신들의 예측과 두려움과 필요를 바탕으로 내 정체성을 결정하던 가족 속에서 보이지 않는 존재, 그저 사라지는 존재가 된다는 것의 파괴적인 결과를 잘 알고 있었으니까. 호기심은 관대함의 또 다른 형태란다. 그 안에는 타인에 대한 인식이 내포되어 있고, 이를 위해서는 오만이라는 수치스러운 허영의 껍데기를 깨야 하지. 나 말고 다른 사람이 정말 존재했을까? 내 자아 말고 다른 사람을 경험하고 느끼고 인식한 적이 있을까? 내가 경이감을 느껴본 일이 있을까?

어려서 나는 하늘과 별과 세상의 놀라운 창조물들에 경외감을 느꼈지. 하지만 그 모든 것이 빠르게 사그라지며 현실로 이끌려갔어. 게으른 명상을 하느라 보낼 시간은 없었다. 내 곁의 다른 소년들처럼 발전하고, 목표를 달성하고, 앞서 나가고, 이겨야 했으니까. 신비와 경이의 세계는 존중되지도, 존경받지도 않았다. 점령하고 소유되고 정복당하는 대상일 뿐이었어.

경이감에는 겸손이 자리 잡고 있단다. 더 크고 알려지지 않는 대상에 항복하는 행위, 그 안에서 그저 작은 점 하나에 불과한 우리가 광대하고 신비로운 우주에 항복하는 행위. 나는 그 어떤 것의 작은 한 점이 되도록 허락받지 못했다. 그 위에, 가장 높은 곳에, 최고의 자리에 올라서야 했지.

내가 다섯 살 때, 내 손 위에 놓였던 아기 참새가 떠오르는구나(나무에서 떨어진 새였을 거야). 다섯 살짜리의 손안에서 작은 심장이 뛰고 있었다. 내 심장 역시 마찬가지로 빠르게 뛰었지. 누가 이 새를 만들었을까? 누가 이런 날개와 부리와 발톱을 생각해냈을까? 이 새는 엄마와 사이가 안 좋았을까? 어미 새가 밀어서 땅으로 떨어뜨린 걸까? 사고였을까? 아기 새는 슬펐을까? 어디를 다친 건 아닐까? 왜 날지 못하지? 이 새가 나에게 나는 법을 가르쳐줄까? 나는 놀랐고, 두려웠고, 경외감에 차 있었어. 내 손으로 작은 새를 다정하게 잡고 있다니 감당할 수 없을 지경이었지. 도무지 새를 보낼 수가 없었고 그러고 싶지 않았다. 나는 기적을 소유하고 있었어. 손가락 관절로 우주의 비밀을 쥐고 있었던 거야. 모든 시간이 멈춰버렸어. 내가 곧 새였다. 보이지 않는 경외감의 소용돌이에 사로잡혀 있었던 거야. 그 순간 나는 모든 것이었고, 온전한 존재였단다.

그러다가 어느 순간 아주 난폭한 방식으로 깨어나게 되었어. 어머니가 놀라 고함을 쳤지. "아서, 뭐 하는 짓이니? 그 더러운 새 얼른 내려놔. 끔찍한 병을 옮길 거야. 정말이지 구역질 나는구나." 어머니는 나를 세게 흔들어 손에서 새를 떨어뜨렸어. 어린 새는 땅바닥에 떨어진 채 몸을 떨었지. 그러곤 더 이상 움직이지 않았는데, 나는 이 새를 도울 수도 가까이 갈 수도 없었다.

견딜 수 없는 상황에 난 울음을 터뜨렸어. 울고 또 울었다. 그로써 모든 것이 무너졌어. 울고 나약함을 드러낸 것. 그것이 경외감에 빠지고 아기 새에게 마음을 빼앗긴 것보다 더 나쁜 일이었지.

경외감이 없는 인생에 무슨 의미가 있겠냐고 너는 묻겠지. 음침하고 황량할 뿐이다. 강요된 필연과 의무적인 일상에 지나지 않아. 경탄으로 향하는 반짝임과 흥분을 찾을 수 없는 인생이야.

그렇다면 남자의 열정과 치열함은 어떻게 될까? 일찌감치 지배와 공격과 경쟁으로 행로를 바꾸는 거야. 그리고 나의 경멸과 잔인성은 너의 첫 남편을 향했다. 오랜 시간 찾아오지 않던 네가 어느 날 결혼하겠다며 한 남자를 데려왔지. 철자법도 제대로 모르는 뚱뚱한 아일랜드계 가톨릭교도였어. 네가 웨이트리스로 일하던 품위 없는 싸구려 술집 어딘가에서 만난 바텐더라고 했다. 기껏해야 비열한 악당에 지나지 않을 거라고, 아마 횡령 아니면 절도를 저질렀을 위인이라고 난 생각했어(아무 증거도 없었지만 나는 그를 그렇게 대했지).

네 엄마는 그 작자가 잘생기고 매력적이라고 말했지만, 나에게 너의 선택은 길거리에서 발견한 유기견을 제멋대로 데리고 온 꼴이나 마찬가지였다. 그와 나눌 이야기도 없었어. 아니, 내가 대화를 시도한 적이나 있었을까? 그의 갑작스러운 출현은 너무나 짜증 나는 일이었다. 네가 그와 결혼한 단 하나의 이유는 나에게 복수하기 위한 것임이 분명했지. 그는 내가 아닌 모든 것이었어. 제대로 교육받지 못했고, 거칠었으며, 무례했고, 취해 있지 않았지. 그 작자를 혐오하면서도, 나는 즉시 그를 내 편으로 만드는 일에 착수했다. 저녁 식사 자리에서, 난 네가 보이는 것과는 완전히 다른 사람이라고 말했어. 어떤 일이 펼쳐질지 마음의 준비를 해두는 것이 최선일 거라고. 그에게 아무 관심이 없었지만 나는 마치 그의 보호자처럼 행세했다. 너의 온갖 허물에 관한 극히 개인적이고 세세한 사실을 유쾌한 척 펼쳐놓았지. 어린아이 때와 십 대 시절 네가 저지른 끔찍한 일을 이야기하며 네 성격에 문제가 있다는 사실을 교묘하게 암시했어. 너는 몹시 다루기 힘든 아이였다고, 나를 자극해 본성과 반대되는 행동을 하도록 유도했다는 이야기도 빠뜨리지 않았다.

너를 패퇴시키기 위한 전쟁에 참전한 전우인 양 그를 끌어들였어. 네 엄마조차 이런 내 행동에 치를 떨더구나. 방심한 채 있던 너는 모욕을 당하고 분개했지. 천박한 기질과 이런저런 실수의 경험을 들려주며, 나는 네가 결혼하려는 남자의 마음속에 의심의 씨앗을 뿌리고 있었다. 처음에 너는 내 말을 막느라 이야기를 다른 방향으로 돌리며 웃기도 했지. 하지만 나는 개의치 않았다. 마지막 한 방을 날릴 때까지 이 복수를 계속 이어갔어. 이제 너에 대해서는 완전히 손을 뗄 예정이라며, 이 모든 얘기를 듣고 물러선다 해도 그를 충분히 이해한다고까지 말했지.

하지만 어쨌든 결혼은 진행되었다.

여기저기 급히 요청해 필요한 것들을 부탁하고 빌려서

진행된 결혼식이었지. 이제 스물세 살의 너는 고급 상점의 세일 판매대에서 발견한 얇은 흰색 드레스 차림으로 집에 마련한 예식 제단에 서 있었다. 나는 결혼 비용도 대주지 않았어. 싸구려 간단한 요리만 준비되어 있을 뿐, 도수 높은 술도 없었지. 이런저런 친구들과 먹고살기 위해 발버둥치는 예술가들에게 둘러싸여, 도대체 신에 관한 이야기를 들어본 적이나 있을까 싶은 어떤 종교의 진부한 목사가 집전한 예식이었다. 나는 너를 때리지 않았다는 것이 유일한 장점일 남자와 결혼하는 너를 바라보고 있었어. 정절 맹세가 빠진 (네가 원하거나 요구했던 걸까? 그때는 미처 그런 생각이 들지 않더구나), 뒤죽박죽 이해할 수 없는 결혼 서약을 하는 네 목소리가 들렸어. 그리고 네가 입양해 돌봐야 할, 네 남편의 아들인 십 대 소년이 옆에 서 있는 모습이 보였다. 넌 네가 가장 필요로 했던 것을 그 아이에게 주었지.

아프리카 전통 의상을 입은 한 흑인 남성이 색소폰을 연주하기 시작했어. 결혼식보다는 장례식에 어울릴 법한 슬픈

선율이었다. 너를 식장 통로로 데리고 걸어가는 내내, 그 음악이 비통한 통곡으로 들리는 것 같더구나. 너는 내 팔을 잡았지. 네가 나와 접촉한 건 아마 몇 년 만에 처음이었을 거야. 너를 저 멍청이에게 넘겨주어야 한다니. 처음에는 그 터무니없는 의식에 참여하는 것조차 거부했다. 하지만 마지막 순간 내 안의 무엇인가가 수그러들었어. 이것이야말로 진정으로 나의 소유권과 권위를 회복할 수 있는 완벽한 기회라고 생각한 거지. 결혼식 하객들을 지나 한 발씩 걸어가면서, 이 결혼에 이미 검은 그림자가 드리워 있다는 사실에 엄청난 만족감을 느꼈던 내 모습이 끔찍하게 느껴지는구나.

너는 유부남이었던 남자를 선택했다. 아마 그의 세 번째 여자쯤 되었겠지. 유머 코드를 공유한 듯했고(그와 있는 동안 너는 엄청나게 웃었고, 그래서 나는 더욱 화가 났다) 두 사람 모두 무언가에 취하지 않은 제정신이라는 점에 위안을 받았지만, 그가 너에게 솔직하거나 충실할 수 없고 그러지도 않으리라는 건 짐작할 수 있더구나.

더 중요한 건, 네가 아직 나와 맺어져 있는 상태에서 이런 결혼식을 올리는 게 사기라는 사실이었다. 나는 너의 팔을 꽉 붙잡았어. 네가 다섯 살일 때 우리는 어둠 속에서 침묵의 약속을 맺었잖니. 네가 이 멍청이와 몸을 섞는다 해도 그는 너를 정말로 만지지 못할 거라고, 네가 이미 경험한 바 있기에 그는 결코 황홀함의 발견이라는 승리와 성스러움을 느끼지 못할 거라고, 내가 이미 차지했기에 그는 사랑하는 사람의 방에 들어설 수도 없을 거라고, 이런 사실이 (뒤따라올 다른 모든 것과 함께) 결국 그를 분노와 고통으로 몰아갈 테고, 따라서 그는 너를 진정으로 소유할 수 없을 거라고 난 생각했다.

처음에는 도전이라고 생각해 마음이 끌리겠지. 남자라면 싸움을 좋아하기 마련이니. 하지만 시간이 흐르며, 그는 공허함을 느끼고 스스로를 어리석은 실패자라고 생각하게 될 거야. 네가 자신을 전부 내놓지 않는다는 사실을 깨닫는다면, 설령 네가 그런 척한다 해도 그는 보복하려는 마음에 너에게 상처 주기 위해 할 수 있는 모든 일을 할 거야. 주먹으로 벽을 쳐 구멍을 내고, 다른 여자와 눈이 맞아 너를 배신하고, 결국 네 친한 친구를 유혹해 네 곁을 떠나겠지. 그렇지 않아도 형편없는 결혼식장의 분위기 속에서 난 내내 이런 악의 넘치는 생각을 했어. 눈에 보이지 않은 독을 네 피부 속으로 밀어 넣으려는 듯 치명적인 에너지를 끌어다 네 팔을 꽉 잡았지. 나는 너의 반려자를 향해 조용하고 다정하게 통로를 걸어가는 네 아버지가 아니라, 피할 수 없는 살육을 계획하며 너를 이끄는 포식자였어.

색소폰 연주가 이제 더욱 커져 울부짖으며 사납게 들려오는 것 같구나. 소리의 파도가 축축한 사방의 벽에 부딪혀 무너지고 있어. 슬픔, 아, 슬픔의 태풍이 죄의식의 날을 세운 바위에 날 내던져 끊임없는 잔해와 파편에 뒤얽히게 하는구나. 지금 날 사로잡고 있는 것은 슬픔이다. 파도가 다시 밀려오고, 살이 에는 듯 아프다. 나를 둘러싼 껍질이 조각나고 있어. 도대체 나는 얼마나 형편없는 인간이었던 걸까?

내가 어떤 종류의 파멸을 가져온 것일까? 나는 나 자신과 너에게 거짓말을 해왔어.

나는 네 사랑의 미래에 저주를 걸었다. 나는 다섯 살 때 너의 몸을 가졌다. 네가 주지 않았는데도. 나는 너의 달콤함을 오염시켰다. 나는 너의 정원에 딸린 황금의 방호문을 망가뜨렸다. 나는 너의 신뢰를 배신했다. 나는 너의 성적인 화학작용과 네 욕구의 근본을 망쳐버렸다. 부정함과 흥분은 영원히 뒤섞여 있을 터였다. 내가 흉한 얼룩을 만들었다. 내가 악취 나는 흔적을 남겼다. 내가 너를 감염시켰다. 네 몸을 함부로 침범하고 압도해 너의 갈망을 너무나 이르게 제거하고 말았다. 너는 나에게 허락하지 않았고, 허락할 수도 없었다. 동의란 없었다. 네가 바스락거리는 크리놀린 페티코트를 입고 나를 유혹한 것이 아니었다. 너는 그저 사랑스러운 아이였을 뿐이다.

나는 다섯 살짜리의 몸을 지나치게 자극했고 격렬함과 전율의 씨앗을 심었다. 너는 스스로를 너무 심하게 몰아붙여 헤로인을 복용하고, 다리에서 뛰어내리고, 시속 160킬로미터의 속도로 차를 몰곤 했다.

나는 너에게서 평범한 일상을 빼앗았다. 나는 너에게서 가족에 대한 개념을 파괴해버렸다. 네가 네 엄마를 배신하도록 만들었다. 너를 영원한 자기 증오와 죄의식 속에서 살게 했다. 나는 형제자매 사이에 위계와 불신과 폭력적인 경쟁을 조장했다. 너희 중 그 누구도 이런 상황에서 회복될 수 없었다.

나는 네 몸에 대한 통제권을 빼앗아버렸다. 너는 아무런 결정도 하지 못했다. 너는 "예스Yes"라고 말한 적이 없다. 그런 게 있었다면 그저 내 필요를 충족시키기 위한 나의 투사에 불과했지. 너는 다섯 살이었고 나는 쉰두 살이었다. 너에게는 스스로에 대한 주권이 없었다. 나는 너를 착취하고 학대했다. 나는 너의 몸을 소유했다. 너의 몸은 더 이상 너의 몸이 아니었다. 나는 너를 수동적으로 만들었다. 너는 누구든 널 원하는 사람에게 마지못해 몸을 주었을 것이다. 내가 그렇게 가르쳤으니까. 내가 너를 네 몸 밖으로 끌어냈다. 혼란과 무감각 속에서 너는 너 자신을 보호하지 못했어. 나는 너의 안전과 스스로를 보호할 능력을 손상시켰다. 그렇게 해서 네가 강간을 통해 자극받도록 만들었다. 네 것이 무엇인지, 언제 "노No"라고 말하고 어떻게 "그만둬"라고 말해야 할지 알지 못하도록 너의 경계를 파헤쳐버렸다. 너의 몸에 자리 잡은 질膣의 연약한 벽을 허물어버렸고, 온갖 병과 감염에 취약하게 만들고 말았다.

너의 몸은 "예스"라고 말하지 않았고 그럴 수도 없었지. 모두 내가 스스로 편하자고 나 자신에게 한 거짓말이야. 너는 그것이 섹스인지도 몰랐지. 너도 원하는 거라고 나 스스로를 확신시키며 내가 원하는 것을 취했을 뿐이었어. 나는 너의 숭배를 착취했다. 비밀로 하라고, 엄마한테 거짓말을 하라고 몰아붙이며 이중생활을 강요했어. 이것이 너를 둘로 쪼개놓았을 것이다. 나는 네가 스스로를 창녀라고 느끼도록 만들었어. 진정한 사랑을 받을 가치가 없는 사람이라고 느끼도록, 친밀함에 대해 폐소공포를 느끼도록 만들었지. 너에게 나의 독을 남겨놓았다.

나는 네가 모든 것을 잊고 싶어 하게끔 만듦으로써 너의 기억을 파괴했다. 그렇게 너의 지능은 물론 진실을 추구하고 고난을 감당하는 능력에 영향을 끼쳤어. 너에게서 순수함마저 훔쳐냈지. 나는 너의 생명력을 희미하게 만들고, 너의 성적 욕구가 이 모든 나쁜 일의 원인이라고 느끼도록 만들었다. 나를 섬기도록 너의 존재와 육체를 이용했어.

내가 이 모든 일을 저질렀다. 아, 색소폰 소리가 나를 데려갔으면. 저 밖으로 데려갔으면.

/

천천히, 고통스럽게, 고요히 밀려가는 바다에서, 햇볕에 시달리는 한 마리 게처럼 나는 기어 나온다. 따뜻한 모래 위에 쓰러진다. 지치고 온몸이 부서진 채로 거기에 누워 있는

다. 며칠, 몇 달 혹은 몇 년 동안 그곳에 있는다. 나는 다시 형태를 갖춘다. 나 자신이 느껴진다. 내 옷은 사라져버렸고 성별 구분도 의미 없는 것이 되어 있다. 작은 가슴과 더 짧은 다리와 더 작아진 발이 전부다. 부드러운 배도 생겼다. 왼쪽 눈 위에 작은 사마귀 두 개가 있다. 이것은 너의 얼굴이구나, 이브. 이것이 너의 몸이구나. 나는 그 안에 있다. 피가 보인다.

코에서 피가 흐르고 있다. 목도 아프다. 목을 졸렸던 듯 멍이 들어 있다. 엉덩이는 탁구채로 맞아 욱신거린다. 허벅지에도 부풀어 오른 상처가 보인다. 나병 환자의 물집처럼, 흉터와 상처가 내 몸을 온통 뒤덮고 있다. 나는 상처였고, 상처를 만들어낸 사람이다. 나는 타오르고 있다.

모래 위를 굴러 바다로 몸을 던진다. 짭짤한 바닷물이 베인 상처와 다친 부위를 자극하며 고통을 준다. 나의 질은 불이 붙은 듯 화끈거린다. 그곳을 붙잡은 채 몸을 흔들고 비명을 지르며 크게 우는데, 내 입에서 어린 소녀 같은 너의 고통스러운 목소리가 흘러나온다. "그만요, 그만해요."

텅 빈 모래사장은 끝없이 넓다. 새 한 마리 보이지 않고 소리 하나 들리지 않는다. 내가 여기 있다는 걸 아는 사람이 있을까? 누가 관심이나 있을까? 내 머릿속에서 어떤 목소리가 들려온다. "아무도 안 와, 아무도 오지 않는다고." 이어 작은 문이 열리고, 나는 그곳으로 들어간다. 텅 빈 부재의 공간, 박탈당한 자들의 림보 속으로 점점 더 빠져들어간다.

나는 아무것도 아니다. 나에게는 가족이 없다. 내가 있을 곳은 없다. 나에게는 아버지가 없다. 나에게는 어머니도 없다. 나는 멍청이다. 나는 수치 그 자체다. 나는 불명예를 짊어졌다.

오 맙소사, 이브, 이제 나는 볼 수 있다. 내가 네 안에 만들어놓은 고통스러운 림보에서, 그 무엇도, 누구도 채울 수 없는 끔찍한 외로움의 동굴 속에서, 너를 기다리는 처절한 심연 속에서 31년을 맴돌고 있다.

무슨 일이 일어나고 있는 걸까? 이 어둠을 뚫고 들어오는 저 은색 줄기는 무얼까? 저 반짝이는 경계선은 뭐지? 별, 별이다. 수백만 개의 별, 저 별들이 고맙게 느껴진다.

알아봐주기를, 소중하게 여겨지기를, 혹은 제대로 보여지기를 바라며 내미는 작은 얼굴처럼 각각의 별이 빛나고 있다. 기대에 가득한 눈빛과 준비된 뺨들. 받아들여지기를, 구원받기를 바라며 반짝반짝 묘기를 부린다. 저 별 하나하나가, 그리움의 대상이 된 반짝이는 아이들이구나.

이브,

이 말을 하게 해줘.

미안하다, 정말 미안해. 여기 앉아 마지막 시간을 보내도록 해주렴. 이번에는 제대로 할 수 있게 해주렴. 너의 온화함에 기대어 비틀거리게 해주렴. 나약함을 무릅쓰게 해주렴. 허점을 내보이게 해주렴. 자취를 감추게 해주렴. 고요하게 있도록 해주렴. 점령하거나 탄압하지 않게 해주렴. 정복하지도 파괴하지도 않게 해주렴. 황홀함을 온몸에 감도록 해주렴. 아버지가 되도록 해주렴.

너의 착한 마음을 네게 되비쳐 보일 수 있는 아버지가 되게 해주렴. 아무런 권리도 주장하지 않게 해주렴. 똑바로 증언을 하고 함부로 무언가를 침범하지 않게 해주렴.

이브,

나는 너를 그날의 서약으로부터 풀어주려 한다. 그동안의 거짓말을 거두련다. 나는 저주를 풀려 한다.

늙은이는, 사라진다.

감사의 말

거친 목소리의 산파 역할을 해준 사랑하는 친구 마이클 클라인이 아니었다면 이 책을 쓸 수 없었을 것이다. 내가 너무 불안해 숨조차 쉴 수 없었을 때에도 그는 신뢰를 잃지 않았고, 불가능한 일을 해내는 나의 모습을 지켜보았다. 내 이야기에 깊이 귀 기울여주고, 소중한 통찰력을 전해주며, 거기 있어주어서, 그저 옆에 있어주어서 고마울 뿐이다.

요한 하리는 내게 귀한 시간과 깨달음을 선사했고, 까다로운 길을 통과하는 동안 나와 함께해주었다. 공포와 두려움의 실체를 밝히는 방법을 알려주고 나를 지옥에서 풀어준 수년간의 통찰에 감사한다.

최고의 친구가 되어주고 나를 깊이 믿어준 제임스 르세스, 한결같음과 친절함, 깊은 사랑을 보여준 모니크 윌슨에게도 감사한다. 이야기를 들어주고 이해해준 폴라 앨런, 멘토가 되어 길잡이 역할을 해준 나의 수호천사 캐럴 블랙과 나와 함께 이 여행을 하며 책의 탄생을 가능하게 해준 제니퍼 버핏에게도 고마움을 전한다.

나의 용감하고 아름다운 친구 크리스틴 슐러 데쉬베와 고통을 힘으로 돌리는 법을 매일 가르쳐준 부카부Bukavu의 모든 자매에게도 고맙다고 말하고 싶다.

사랑과 탁월함으로 나에게 보호와 자극이 되었던 놀라운 친구들과 동료들, 러더 보리츠, 팻 미첼, 다이애나 드 베그, 아룬다티 로이, 제인 폰다, 나오미 클라인, 텐디 뉴튼, 로라 플랜더스, 킴벌리 크렌쇼, 알릭사 가르시아, 니콜레타 빌리, 질라 아이젠스타인, 엘리자베스 레서, 데이비드 스톤, 다이앤 폴루스, 다이앤 보거, 라이언 매키트릭, 조지 레인, 낸시

로즈, 프랭크 샐바지, 헤리엇 클라크, 조야, 아디사 크루팔리야, 피터 버핏, 마크 마토셰크, 로사 클레멘테, 토니 포터, 테드 번치 그리고 파라 타니스에게도 감사를 전한다.

나의 멋진 V-Day 팀원들, 수전 스완, 푸르바 판데이 컬먼, 칼 챙, 레일라 라단, 앤주 카츠리라지, 크리스티나 시, (모와 마마 C). 이 전 세계적인 운동을 함께하며 매일 나에게 연대와 협동이 무엇인지 가르쳐주는 이들이다.

소중한 나의 아들 딜런 맥더모트, 딸이나 마찬가지인 매기 큐,* 믿을 수 없을 정도로 사랑하는 손녀들 코코 맥더모트와 샬럿 맥더모트. 너희는 내 심장만큼 소중한 존재란다.

글을 쓰기 위한 환경을 만들어주고 책의 모든 갈피마다 다정함을 넣어준 토니 몬테니어리에게 고마운 마음을 전한다.

최고의 편집자 낸시 밀러는 이 책을 무조건 믿어주었고,

* 《아버지의 사과 편지》 출간 당시 딜런 맥더모트와 매기 큐는 연인 사이였으나 이후 헤어졌다.

빼어나고 사려 깊게 편집해주었으며 내가 더 깊이 탐구하도록 응원해주었다.

블룸즈버리 출판사의 멋진 팀과 에미 바타글리아에게 축복이 함께하길.

바클레이 에이전시의 스티븐 바클레이와 엘리자 피셔 그리고 모든 멋진 분께 감사의 마음을 전한다.

지난 42년 내내 나의 놀라운 에이전트가 되어준 샬럿 시디, 당신의 한결같음과 내 작업을 향한 신뢰, 그 충실함과 치열한 싸움의 방식에 경의를 표합니다. 사랑해요.

나의 오빠인 커티스의 담대한 마음에, 우리가 견뎌내온 것을 견디게 해준 것에, 사과를 요구해온 내 역사와 기억을 함께 나눠준 것에 감사한다.

지난 20여 년의 세월 동안 난민 캠프에서, 병원에서 전쟁지대에서, 감옥에서, 연극에서, 센터에서, 대학에서, 고등학교에서, 피난소에서, 예배 장소에서 만나 이야기를 나누어준 이들, 우리의 딸들이 동등하고 자유롭고 안전해질 그날까지 계속해서 싸우도록 나를 격려해준 수천 명의 여성에게 이 책을 바친다.

또한 여성에게 상처를 입혀온 남성들에게도, 이 책이 깊고 진실한 성찰로 당신을 이끌기를. 돌아보고, 사과하기를. 마침내 우리가 변화해 이 폭력을 끝낼 수 있기를.

옮긴이의 말

침묵하지 않는 사람들의 싸움

"어린 여자아이들은 영원히 어리지 않다. 강한 여성으로 성장해 당신의 세계를 허물기 위해 돌아온다."

2018년, 20여 년간 미국 체조 대표 팀과 미시간주립대학교 스포츠 팀 주치의로 일하며 성폭행과 추행을 일삼아온 래리 나사르에게 피해자 카일 스티븐스가 법정에서 말했다. 미국 법원은 그에게 최장 175년 징역형을 내렸고 나사르는 살아서 감옥을 나올 수 없게 되었다. 십 대 시절 추행을 당한 여성 150여 명이 그의 죄를 밝히며 나사르의 세계를 박살 낸 것이다.

작가이자 페미니스트, 사회운동가인 이브 엔슬러도 자기 아버지의 세계를 부숴버리기로 결심했다. 다섯 살 때부터 열 살 때까지 성적인 학대를 일삼고 그 후에는 심한 구타와 폭언, 정서적 학대를 해온 아버지였다. 나사르와 달리, 그 아버지는 이미 31년 전에 세상을 떠났다. 자신이 저지른 추악한 범죄에 대해 죽을 때까지 사과는 고사하고 인정조차 하지 않았던 아버지. 평생 자신을 따라다닌 끔찍한 기억을 정리하기 위해 이브 엔슬러가 선택한 방법은 아버지의 목소리를 대신해 사과의 이야기를 적어가는 것이었다. 《아버지의 사과 편지》는 이렇게 나온 책이다.

다섯 살짜리 딸의 몸에 손을 대며 자신의 연인이자 신부라고, 생명력과 활기의 원천이라고 여겼으며, 딸이 좀 더 자라자 죽기 직전까지 때리고 목을 조른 사람의 입을 통해 드러난 이야기는 끔찍하다. 어린 시절 자신은 사랑을 받아본 적이 없고 가부장적인 분위기 속에서 억눌리며 살았기에 감정을 표현하는 법을 몰랐다고, 딸이 재능을 펼치는 것을 질투했고 자신의 잘못을 밝힐까 봐 두려웠다고 털어놓는다. 이브 엔슬러가 아버지의 목소리로 그를 고발한다고 해도, 아서 엔슬러가 딸의 설명을 통해 자신을 변호한다고 해도, 독자로서 이해도 용서도 하기 어려웠다. 책을 번역하다가 일어나 물을 한 잔 마시고 심호흡을 했다. 한 장을 번역한 다음에는 괜히 방 안을 오가며 책상 정리를 하고 나서 또다시 한 장을 번역했다. 오래전 상처를 다시 끄집어내 글을 쓴 저자는 훨씬 힘들었을 것이니 내가 비겁하게 책을 덮고 도망을 갈 수도 없었다.

딸에게 폭력을 행사하는 아버지, 남편이 딸에게 저지른 일을 알면서도 방관하는 어머니, 그저 조용히 지나가기만 바라는 나머지 가족들, 폭력에 노출되어 있는 아이를 보호하지 못하는 학교와 이웃. 어쩐지 기시감이 드는 것은 시간과 공간만 바뀌서 비슷한 일이 계속해 벌어지기 때문일 것이다. 성폭력 범죄에 이 세상은 다른 모든 범죄와 다른 방식으로 반응한다. 가해자가 아닌 피해자가 수치심을 느끼도록 만든다. 가해자는 힘과 돈과 권력을 내세워 피해자의 이야기를 지워버리고, 범죄를 조사하고 판결해야 하는 사람들은 피해자가 행실이 바르지 않았다거나 충분히 반항하지 않았다며 2차 가해를 한다. 목소리 높여 화를 내야 할 피해자는 침묵에 합의할 것을 강요받는데 이를 거부하면 "문제를 크게 만든다"며 냉대와 질시가 쏟아진다.

세계 곳곳, 각 분야에서 자신에게 가해진 폭력을 고발하는 미투 운동이 일어나지만, 가해자 대부분은 슬그머니 일상으로 돌아간다. 상상할 수 없는 규모와 방식으로 디지털 성범죄가 일어나는 것을 보며 끔찍한 세상이 어디까지 갈까 걱정하다가, 그럼에도 조금씩 변화를 느끼는 것은 이브 엔슬러처럼 침묵하지 않은 사람들 덕분이다. 폭력을 막는 세상의 모든 법과 제도는 희생자와 생존자의 눈물과 분노 위에 만들어진다. 이들은 두 번 싸운다. 스스로를 치유하기 위해 싸우고, 다시는 그런 일이 일어나지 않게 하기 위해 싸운다.

그의 몸은 평생 전쟁터였다. 아버지의 성적 학대를 거부한 후에는 구타가 시작되었다. 이로 인한 불안으로 마약과 술에 의존하게 되었고 자살을 시도했으며 낙태와 유산을 경험했고 암으로 수술을 받았다. 하지만 힘든 시간을 이겨낸 그는 희생자나 피해자가 아닌 생존자가 되었고, 세상을 바꾸는 사람이 되었다. 가리고 숨겨야 하는 여성의 몸에 대해 근원적인 고민을 이어온 이브 엔슬러는 아프가니스탄과 콩고민주공화국, 케냐와 이라크 등에서 폭력으로부터 여성들을 보호하는 사회운동인 브이데이V-DAY를 시작했으며 여성 인권을 위해 책을 쓰고, 연극을 무대에 올리고, 강연을 하고, 시위에 참여하고 있다. 책을 출간한 후에 그는 자신의 이름 '이브 엔슬러'를 '브이V'로 바꾸었다. 자신을 괴롭히던 아버지의 잔혹한 기억으로부터 마침내 벗어나게 되었고 원한도 회한도 분노도 남아 있지 않지만, 그가 물려준 성姓과 이름으로 살고 싶지 않았기 때문이었다.

"늙은이는, 사라진다"라는 아서 엔슬러의 마지막 말은 이브 엔슬러의 선언이다. 겁먹고 두려움에 떨던 여자아이들이 강하고 용감한 여성으로 성장해 오래되고 낡고 폭력적이고 뒤틀린 세계를 허물 것이다. 자신에게 위협을 가하는 상대를 똑바로 노려보며 제대로 된 사과를 받아낼 것이다. 결국 세상을 바꾸어놓을 것이다.

그때까지 우리는 주위를 둘러보고 피해자들이 혼자 울다 지치는 일이 없도록 서로를 보살필 것이다. "네가 얼마나 대단한 소녀인지 생각해보아라. 네가 오늘 얼마나 먼 길을 왔는지 생각해보아라. 지금 몇 시인지 생각해보아라. 아무것이라도 좋으니 생각해보아라. 그리고 울지 마라."《거울 나라의 앨리스》에서 백색 여왕이 앨리스에게 한 말을 기억하며 말이다.

해제

기록할 수 없는 상처는 없다

"굿바이 회전목마, 어때요?"

2013년에 나는 성폭력 피해 생존자들과 글쓰기 치유 워크숍을 진행했다. 5개월 동안 16명이 모여 읽고 쓴 글들을 묶어냈는데, 문집의 제목을 우리가 짓기로 했다. 한 참가자가 제안했다. "회전목마는 세월이 흘러도 끊이지 않고 이어지는 성폭력과 그 후유증에서 나오지 못하고 있는 피해자의 모습을 뜻하고, 점점 건강해져 언젠가는 멋지게 굿바이하게 되길 바라는 마음을 담았다." 그의 작명 취지에 만장일치로 동의했다. 놀이동산에서 회전목마를 타고 신나게 놀던 여자아이들은 자라서 '갔나 싶으면 또 오는' 고통의 순환 구도로 회전목마를 떠올린 것이다.

나는 〈굿바이 회전목마〉를 오랜만에 꺼내 보았다. 회전목마가 그려진 표지는 빛이 바랬지만 책속의 활자는 여전히 생동했다. 전에는 글을 써본 적이 없지만 이제는 스트레스가 쌓이면 '활자를 마구 던진다'는 쉰한 살의 A, 글쓰기를 하면서 문학에 눈떴다는 청소년 B, 스스로 무너지지 않으려고 두발자전거처럼 무언가 끊이지 않고 해야만 했다는 C, '착한 딸, 착한 애인, 착한 년 해보려고 지랄하다 나자빠진 년'이라고 자기를 소개한 D, 잊히고 옅어진 줄 알았던 상처들이 글을 쓰며 또렷하게 기억나는 것에 놀라 잠시 떠났다가 다시 돌아온 E…….

오래된 미래 같은 고통의 서사들이 갈피마다 촘촘했다. 당시는 2016년 무렵 봇물 터진 '미투(나도 말한다)' 시국 이전이다. 폭풍 전야처럼 세상은 잠잠했다. 나 역시 뉴스에서 단신 기사로만 접했을 뿐 실제로 만나는 여성들에게 성폭력 피해의 가능성을 떠올려본 적이 없었다. 그러다가 '굿바이 회전목마' 작업에서 목도했다. 눈앞에 있는 여성들은 성폭력 피해를 입었고 그들의 아빠, 오빠, 삼촌, 담임교사, 거래처 동료, 애인 같은 가까운 사람이 가해자였다. 그 엄연한 진실 앞에서 나는 매주 휘청이며 집으로 돌아왔다.

소화되지 않는 폭력의 기억을 소화시키느라 애쓰는 그들 곁에서 나도 안간힘을 썼다. 그 노력이란, 그동안 당연하게 여겼던 것들을 '전면적으로' 재검토하는 일이었다. '집은 편안하고 안전하다', '가족은 나를 보호해줄 최후의 보루다', '성폭력은 길 가는 괴한에게나 당하는 일이다', '평소 일찍 다니고 짧은 치마를 입지 않고 '처신'을 잘해 스스로를 보호하면 피할 수 있다', '부모는 자식을 사랑한다', '엄마는 딸 편이다' 등등 내 상식의 목록을 낱낱이 의심하고 해체했다. 그럴 때라야 타인의 말이 온전히 들렸다. 지금, 여기 존재를 걸고 말하는 진실의 목소리가.

이브 엔슬러의 《아버지의 사과 편지》를 읽는 내내 생각했다. 이 책이 그때 있었더라면 얼마나 좋았을까. 《아버지의 사과 편지》는 '회전목마'처럼 되돌아오는 성폭력의 고통과 '굿바이' 하기 위한 고난도의 대대적인 작업이다. 이 책에는 성폭력 피해 생존자들이 그토록 갈망하던 이야기, 왜 너는 가해자고 나는 피해자인가에 대한 고백이 들어 있다. 고통을 직면하는 법을 보여주는 용기의 교본이고, 기억의 감옥에서 한 발짝 나아가는 데 영감을 주는 귀한 독본이 될 것이 분명했다.

이브 엔슬러는 친족 성폭력 피해자다. 아이스크림 회사를 운영하는 아버지와 전업주부인 어머니에게서 태어났다. 다섯 살부터 아버지에게 성폭력을 당했다. 십 대 이후로 아버지의 성적 학대는 중단됐지만 잔혹한 구타 행위와 존재 말살의 시도는 계속됐다. 아버지로부터 "평범한 일상"을 빼앗긴 그는 청소년 때부터 알코올에 의지했고 자살 충동에 시달렸다. 살기 위해 죽음을 재촉하고 고통을 잊기 위해 더 큰 고통을 자초했다. 대학생이 되고 대학원에 들어가서도 섹스와 술에 의존해 연명했다. 그가 방황을 끝내고 희곡을 쓰기 시작한 것은 스물넷이다.

무명의 극작가 겸 배우였던 이브 엔슬러는 〈버자이너 모놀로그〉라는 연극으로 전 세계에 이름을 알렸다. 계기는 이랬다. 어느 날 한 친구가 자신의 성기에 대해 끔찍한 증오와 혐오감을 갖고 얘기하는 것을 본 그는 충격을 받았다. 주변의 다른 여성들에게도 성기에 관한 이야기를 듣기 시작했다. 여성들은 너나없이 말하고 싶지 않으면서도 말하고 싶어 했다. 미국만이 아니라 보스니아 난민 캠프까지 날아가 200명이 넘는 여성을 직접 만났다. 종교, 국가, 나이, 인종과 무관했다. (성)폭력으로 인한 여성들의 고통은 만국공통이었다. '나만의 비극이 아니구나!'라는 사실을 자각한 그가 폭력을 당한 여성과 여자아이에 관해 무엇이라도 해야 한다는 절박함으로 만든 작품이 〈버자이너 모놀로그〉다. 이 연극은 1996년부터 세계 곳곳에서 공연되며 찬사를 받았고 오비상을 비롯한 많은 상을 받았다. 이브 엔슬러는 폭력을 근절하고 여성의 육체를 되찾기 위한 '브이데이' 운동을 이끌기도 했다. 지옥처럼 숨 막히는 삶에서 원래 누려야 했던 삶을 되찾아가는 여정에서 그는 보이지 않는 인간의 고통에 형체를 입히는 예술가이자, 개인의 고통을 사회적 의제로 풀어낸 활동가이며, 말하지 않는 것을 말할 수 있게 만드는 치유자가 된 것이다.

《아버지의 사과 편지》는 오래전 세상을 떠난 아버지가 딸인 자신에게 보내는 편지 형식의 글로, 상상을 가미해 진실에 생명을 불어넣은 서간체 문학이다. 이브 엔슬러는 "아버지에게 사과의 언어를 구사하게 함으로써 나를 자유롭게 만들려는 노력"으로, 또 자신처럼 "여전히 사과를 기다리고 있는 모든 여성을 위해" 이 책을 썼다고 서두에 밝혔다.

좋은 문학이 그렇듯이 《아버지의 사과 편지》는 여러 인물의 삶이 다층으로 겹쳐 있다. 이브 엔슬러의 아버지는 어떤 관계와 경험을 거쳐서 야만의 화신과 같은 인물이 되었을까. 이브 엔슬러는 한 사람을 단순하게 악마화하지 않는다. 빠르게 심판하기보다 차분히 심연으로 들어간다. 이브 엔슬러가 갇혔던 지옥의 풍경과 소리와 촉감은 어떠했는지, "우리를 인간답게 만드는 모든 경계에 대한 기꺼운 파괴"의 일상에서 번번이 부서지고 몰락하고도 어떻게 존엄을 지키고 존재를 견인했는지 이야기하며 자신을 연민하거나 화해로 도망하지 않고 제 삶을 객관화한다. 그가 끝까지 밀어붙이는 정확하고 치열하고 대담하고 아름다운 언어에 나는 자주 전율했다. 한 인간의 가장 깊은 곳에서 나오는 고백은 삶과 고통에 관한 사유, 세상과 인간에 대한 이해로 데려간다.

《아버지의 사과 편지》는 또 '사과란 무엇인가'라는 화두를 던져준다. 사람은 누구나 사는 동안 어떤 형태의 폭력을 피할 수 없고, 그 폭력의 기억에서 벗어나 "자유로 향하는 여권"을 취득하고 싶어 한다. 그런데 또 막상 사과가 무엇인지, 어떤 말을 듣고 싶은지까지는 인식하기 어렵다. 존재의 심연을 보는 것은 두려운 일이기에 그럴 것이다. 이브 엔슬러는 용감하게 뛰어들어 아버지의 목소리로 말한다. "나로 하여금 그런 일을 저지르게 만든 것이 무엇인지 이해하려고 노력함으로써 내 행동에 책임을 지고 싶어." 악행을 낱낱이 증언하는 데서 나아가 가해 행위의 '정확한 본질'에 다가가려는 부단한 시도가 사과의 사려 깊은 방법의 하나임을 제시한다.

나는 글쓰기 수업에서 말하곤 했다. 인생에서 중요한 사건이거나 커다란 고통일수록 버전을 달리해서 써보라고. 다른 시점, 다른 입장, 다른 시제, 다른 장르로 같은 경험을 다뤄보면 그 사건의 본질은 선명해지고 고통은 옅어질 수 있다. 성폭력 사건을 보도하는 언론의 '나쁜 관용구'대로 그것은 정말 "씻을 수 없는 상처"를 남길까. 원래 상처는 잘 씻기지 않아서 상처다. 그래서 '회전목마'로 명명해보고 '버자이너 모놀로그'도 참여해보고 '사과 편지'도 써보는 것이다. 피해자들은 오랜 세월 상처를 다루고 상처를 돌보며 상처와 살아가는 노력을 기울이며 그렇게 삶의 예술가가 된다.《아버지의 사과 편지》는 씻을 수 없는 상처의 기록이라서가 아니라 '기록할 수 없는 상처는 없다'는 것을 보여준다는 점에서 탁월하다. 이 책이 자신의 목소리를 잃은 여성들, 혹은 자신이 목소리를 가졌다는 사실조차 모르는 여성들에게 용기가 될 것이다.

은유,《알지 못하는 아이의 죽음》 저자

옮긴이 **김은령**

월간 〈럭셔리〉 편집장. 작가이자 번역가. 《밥보다 책》, 《럭셔리 이즈》, 《바보들은 항상 여자 탓만 한다》, 《비즈니스 라이팅》 등을 썼고 《침묵의 봄》, 《패스트푸드의 제국》, 《나이 드는 것의 미덕》, 《존 로빈스의 인생 혁명》 등 20여 권을 번역했다. 이화여자대학교에서 영어영문학을 전공하고 같은 학교 대학원에서 언론학 석사학위를 받았다. 〈행복이 가득한 집〉 편집장을 지냈으며 《설득의 심리학 워크북》(김호 공역)을 옮겼다.

아버지의 사과 편지

첫판 1쇄 펴낸날 2020년 8월 14일

지은이 이브 엔슬러
옮긴이 김은령 **해제** 은유
발행인 김혜경
편집인 김수진
책임편집 김수연
편집기획 이은정 김교석 조한나 이지은 유예림 유승연 임지원
디자인 한승연 한은혜
경영지원국 안정숙
마케팅 문창운 정재연
회계 임옥희 양여진 김주연

펴낸곳 (주)도서출판 푸른숲
출판등록 2003년 12월 17일 제 406-2003-000032호
주소 경기도 파주시 회동길 57-9, 우편번호 10881
전화 031)955-1400(마케팅부), 031)955-1410(편집부)
팩스 031)955-1406(마케팅부), 031)955-1424(편집부)
홈페이지 www.prunsoop.co.kr
페이스북 www.facebook.com/simsimpress **인스타그램** @simsimbooks

ISBN 979-11-5675-835-8 (03300)

심심은 (주)도서출판 푸른숲의 인문·심리 브랜드입니다.

◦ 잘못된 책은 구입하신 서점에서 바꾸어 드립니다.
◦ 본서의 반품 기한은 2025년 8월 31일까지 입니다.

이 도서의 국립중앙도서관 출판시도서목록(CIP)은 e-CIP 홈페이지(http://www.nl.go.kr/ecip)와 국가자료공동목록시스템(http://www.nl.go.kr/kolisnet)에서 이용하실 수 있습니다. (CIP2020029321)